Barbara Luetgebrune

Heilung durch Erkenntnis

Das Kosmische Tarot

WINDPFERD
Verlagsgesellschaft mbH.

2. Auflage 1988

Umschlaggestaltung: Wolfgang Jünemann
Gesamtherstellung: Schneelöwe Verlagsberatung, Durach
ISBN 3-924624-35-6

Printed in Germany

Inhaltsverzeichnis

I. EINFÜHRUNG

Dieses Tarot-Buch orientiert sich nicht am klassischen Tarot, sondern die 78 Karten dienten mir, meine sechsjährige Forschungsarbeit in eine auch für andere durchschaubare und überschaubare Ordnung zu bringen.

1980 entdeckte ich meine Fähigkeit des „geistigen Magnetismus", auch Psychokinese genannt, die es mir ermöglichte, durch Gedankenkraft Energiestrukturen zu verändern und mit radiästhetischen Methoden nachzuweisen.

Da jeder Gedanke Energie ist, konnte ich auch jede Veränderung sofort anhand von Pendelbildern, die ich mir gesetzt hatte, erkennen. Obwohl Autodidakt, wollte ich nicht auf gelehrtes Wissen zurückgreifen. Mit den Pendelbüchern konnte ich nichts anfangen, weil sie mir zu kompliziert erschienen oder Anweisungen gaben für Ebenen, zu denen ich keinen Zugang fand. Ich habe intuitiv gleich auf der geistigen Ebene gearbeitet. Eine Welt der Faszination tat sich im Lauf der Jahre auf, die keinerlei Ende nehmen will.

Zwei Jahre zuvor hatte ich einige Bewußtseins-Kurse besucht, die mich zum erstenmal vertraut machten mit dem Unterbewußtsein, mit Karma und kosmischen Gesetzmäßigkeiten. Ich hatte dort Zugang gefunden zu meinen unbewußten Bildern der Geburt und der Zeit davor, die als Inkarnationen bezeichnet werden.

Dabei bin ich ein Stück weitergekommen bei der Frage: Warum dieses Schicksal, warum dieses Leid, warum habe ich trotzdem überlebt? Ich lebte in einer ständigen totalen seelischen Überforderung: Vater im Krieg gefallen, Mutter mehrere Jahre in russischer Gefangenschaft. Wir drei Kinder lebten nach ihrer Entlassung mit ihr und den Großeltern zusammen. Sechs Personen ohne Ernährer in der Berliner Nachkriegszeit, die bei uns bis in die sechziger Jahre reichte.

Ich hatte als Wichtigstes erkannt, daß ich selbst für meine Situation verantwortlich bin, daß ich mir meine Umwelt – meinen unbewußten Programmen entsprechend – selbst geschaffen habe. Ich sah einige Zusammenhänge übergeordneter Art, hatte aber das Gefühl, daß mein seelischer Schmerz und meine tiefe Traurigkeit immer noch in mir waren.

Dieser Seelenschmerz war Auslöser für meine geistige Forschungsarbeit, primär, um mir erst einmal selbst zu helfen. Ich schrieb mein erstes Buch über seelisch-kosmische Zusammenhänge: „Die Entfaltung der Seele in 12 Stufen". Mit der Zeit kristallisierten sich aus meiner Arbeit 12 Energiekörper-Ebenen (EE) heraus, deren Strukturen immer transparenter und definierbarer wurden. Dann fand ich 12 Seelen-Ebenen und 12 Geist-Ebenen, auf denen ich die tieferen Ursachen fand für das, was sich energetisch auf den 12 Energiekörper-Ebenen abspielte. Aber bereits dort konnten wichtige Erkenntnisprozesse durchlaufen werden. Es entwickelte sich ein sogenanntes 12er-System, das ich *Energiefeld-Diagnose und Therapie* nannte.

In wenigen Minuten kann jede Ursache einer Krankheit, eines Schicksalschlages oder einer Problemsituation erkannt werden. Durch das Erkennen der wahren Ursache haben sich die Menschen verblüffend verändert, blockierte emotionale Energien wurden plötzlich frei und sie lernten, Selbstverantwortung für sich zu übernehmen. Diese Wandlung ist möglich durch das Prinzip des Duplizierens. Es ist auf allen Ebenen möglich: auf der physischen, seelischen und geistigen.

Ein Beispiel für das Duplizieren auf der physischen Ebene: Frau K. hat sich mit dem Messer geschnitten und wiederholt dies noch einmal geistig: Sie nimmt das Messer, und vollzieht den Schnitt mit dem Messer symbolisch noch einmal nach und sagt sich: „So habe ich mich geschnitten". Sie wird einen kurzen, noch stärkeren Schmerz spüren und dann hört das Bluten sofort auf; hinterher gibt es keine Narbe. Sie hat damit dem kosmischen Gesetz entsprochen: Akzeptiere einen Zustand, sonst kann er sich nicht ändern. Der „normale" Verlauf von Wundheilung und Schmerz entsteht nur durch unseren Protest. Narben oder Brandblasen sind Ausdruck unseres Protestes.

Da das hermetische Prinzip „wie oben, so unten" wirksam ist, gilt dieses Prinzip des Duplizierens auch auf der Ursachen-Ebene des Geistes und der Seele. Erkenne ich die wahre Ursache, wiederhole ich damit geistig den Zustand blockierter Energie, kann sich diese somit sofort freimachen. Der Energiekörper wird dadurch harmonisiert – die wichtigste Voraussetzung für eine physische Genesung. Alle Krankheits-Informationen sind zuerst – lange vor ihrer physischen Manifestation – im Energiekörper gespeichert. Mit dem Erkennen und Duplizieren ist es also möglich, diese Informationen zu löschen.

Die Ursachen sind in Form von Programmen gespeichert, die unbewußt und uns daher mit dem Tagesbewußtsein nicht zugänglich sind. Ich habe erfahren müssen: Wir leben unsere unbewußten Programme! Sie bestimmen unsere Verhaltensweisen und machen unsere Persönlichkeit aus. Wir haben dafür zu sorgen, daß diese Programme uns nicht beherrschen und krankmachen, und das können wir nur, indem wir sie ans Tageslicht holen und durch eine neue Energie – ich sage dazu: durch eine neue „kosmische Wahrheit" ersetzen.

„Wer bin ich?" – ist eine alte Frage und sie kann beantwortet werden durch diesen Transformationsvorgang. Das Ziel meiner therapeutischen Arbeit ist das Erkennen der wahren Ursache, um Zugang zum Hohen Selbst zu finden, um Anschluß zu finden an das Göttliche im Menschen.

Für mich war es ein überwältigendes Erlebnis, als ich vor drei Jahren erfuhr, daß es nicht nur die Erkenntnis-Ebenen gibt, sondern vor allem die Gnade Gottes, die heilt. Sie drückt sich darin aus, unsere Programme non-verbal zu löschen und durch neue, lichte Energien zu ersetzen.

Zuerst entstand daraus die „Kosmische Homöopathie"; dabei sind Zahlen und Buchstaben kosmische Informationsträger, sozusagen Codes, die helfen, auf einer abstrakten, oft nicht mehr benennbaren Ebene, Programme zu duplizieren, ohne daß wir es mit dem Verstand erfassen können. Es geschieht eben durch Göttliche Gnade. Diese Informationen sind für jeden Menschen individuell und können nur mit außersinnlicher Wahrnehmung erfahren werden.

Die Erkenntnis, von der ich ausgehe, ist: Alles ist in uns gespeichert, jeder weiß alles – alles über sich, alles über seine Mitmenschen, über sein Land, Planeten, über das Universum – so weit sein Bewußtsein reicht.

Wir leben in der Gegenwart, in der sogenannten vierten Welt; die dritte Welt wird als Atlantis bezeichnet, die zweite als Lemurien, die erste Welt als Mu. Ich fand in meinem 12er-System 12 Welten, denn in uns sind auch die zukünftigen Welten bereits gespeichert. In diesen anderen Welten liegen viele Ursachen, beispielsweise für chronische Erkrankungen, und deshalb haben wir so viele Probleme mit unseren chronisch Kranken, da für die Allgemeinheit diese feinstoffliche Welt nicht existiert. Gerade dort aber liegt unser Seelenheil, weil unsere Seele sich nach dieser metaphysischen Welt sehnt. Wird sie abgelehnt, entsteht im Menschen beispielsweise das Gefühl des Getrenntseins, das Gefühl der Gottverlassenheit, und daraus resultierend die tiefe Sehnsucht nach Gott, der Wunsch, einen geistigen Weg zu gehen.

In der „Kosmischen Homöopathie" ging es noch um den persönlichen Bereich, doch wir spielen nicht nur eine persönliche, sondern auch eine überpersönliche Rolle im kosmischen Spiel des Universums. Die Sprache des Computers zeigt uns wie keine andere, wie dieses Spiel gesetzmäßig abläuft (entweder 0 oder 1, *Ja* oder *Nein*, Sender oder Empfänger). Welche Aufgabe habe ich in dem großen „Kosmischen Plan"? Welche Strukturen habe ich in mir zu fördern, um ihm gerecht zu werden? Die Beantwortung dieser Fragen wird uns ganz neue Zusammenhänge erkennen lassen in Bezug auf Karma, das Gesetz von Ursache und Wirkung, von Aktion und Reaktion. Gedankenformen laufen spiralförmig ab; durch Schockerlebnisse können sogenannte überpersönliche „Gedankenspiralen" im Energiekörper gespeichert werden und die Gesundheit dauerhaft belasten. Diese Spiralen gilt es aufzulösen. Diese Therapieform nenne ich „Kosmische Soziologie".

In der Zwischenzeit hatte ich durch Kurse in Kinesiologie Kenntnis erhalten vom Muskeltest und stellte fest, daß ich ihn anstelle des Pendels als sogenanntes Körper-Pendel benutzen konnte, um an bewußte und unbewußte Informationen im Menschen heranzukommen. Jeder Gedanke löst eine Muskelreaktion aus. Diese Muskelreaktion kann beispielsweise am linken Armmuskel getestet werden. Der „Befragte" hält den Arm hoch. Ich stelle eine Frage und übe leichten Druck aus, wobei der Arm dabei entweder durch Gegendruck obengehalten werden kann oder eben nicht. Läßt sich der Arm bei Druck leicht runterdrücken, so habe ich mit dem getesteten

Wort als Auslöser ein Problem. Ich kann dabei auf positive Energie / keine Energie testen oder auf Ja / Nein. Mit diesem Test erhalte ich Zugang zum Unterbewußtsein und zu den gespeicherten Programmen. Der Vorteil gegenüber dem Pendel ist, daß der Getestete einen direkten Zugang zu seinem Unterbewußtsein bekommt und sich besser mit ihm identifizieren kann.

In meinen Sitzungen arbeite ich nur mit dem Körper-Pendel. Es ermöglicht mir, schon vorweg herauszufinden, auf welcher Ebene ich dem anderen mit seinen Problemen helfen darf. Da wir Individuen sind und jeder eine andere unbewußte Vergangenheit mitbringt, eine andere seelische Reife und ein anderes Bewußtsein hat, habe ich mich auf den anderen einzustellen. Diese Frage nach der Ebene gibt mir die Sicherheit des kosmisch richtigen Handelns.

Diese Sitzungen sind eine Mischung aus eigenem Erkenntnisprozeß und dem Anwenden sogenannter Stabilisierungsmittel oder von mir hergestellter mentaler Schwingungen, die in der Lage sind, unbewußte Programme zu löschen.

Es wurden mit der Zeit immer mehr, die den Wunsch hatten, diese Methode der *Energiefeld-Diagnose und Therapie* zu erlernen. So habe ich begonnen, andere darin auszubilden, und es ist mir eine große Freude, Menschen verschiedenster Ausrichtungen mit den metaphysischen Möglichkeiten einer holistischen Betrachtungsweise von Krankheitsursachen vertraut zu machen. Und es ist wunderbar zu sehen, wieviele sich diesem neuen Energiebewußtsein öffnen und selbst daran forschen. Die große Not außen aktiviert Kräfte von innen.

Der Auslöser, das *Kosmische Tarot* zu entwickeln, kam durch die Ausbildung, da viel Intuition nötig ist, die alten Programme zu finden; viele der Ausgebildeten fühlten sich damit überfordert, wenn sie die Sitzungen nicht gerade täglich ausübten. Beim Körper-Pendel ist es wie beim Pendeln: Ich muß vorher die Frage genau formulieren können, um eine Antwort mit *Ja* oder *Nein* zu bekommen. Die Erfahrung mit den Karten zeigte, daß wir die unbewußt-richtige Antwort bekommen, wenn wir die Karte mit der linken Hand ziehen. Die linke Hand steht für das Unbewußte, die rechte für den Verstand.

Als ich eines Tages das Rider-Tarot in die Hände bekam und ein

Buch dazu, fiel mir auf, daß eine Auslegung der Karten sehr schwierig sein muß, da zu jeder Karte verschiedene Deutungsmöglichkeiten angegeben waren und sich viele Begriffe bei den Karten wiederholten. Intuitiv kam mir die Idee, diesen bereits vorhandenen Karten eine neue Bedeutung zuzuordnen, und zwar nur eine Auslegung pro Karte und Ebene, damit der Betreffende nicht ausweichen kann, sondern seinen Spiegel vorgehalten bekommt, um erkennen zu können.

So hatte ich erst einmal die einzelnen Ebenen zu finden. Ich fand die *Gott-Ebene* als Inspirationsprozeß, die *Energie-Ebene* als Erkenntnis-Prozeß, die *Du-Ebene* als Charakterprozeß und die *Ich-Ebene* als Lösungsprozeß. Es war mir klar, daß jede Ebene ihren eigenen Prozeß haben muß mit unterschiedlicher Legetechnik und Fragestellung.

Heilung durch Erkenntnis – dazu gehört auch herauszufinden, welche Ursache eine Krankheit, eine Schicksalssituation, ein Problem hat. Denn Ursachen, die in der Vergangenheit gesetzt wurden, haben ihre Wirkung in der Zukunft. Dieses Gesetz von Ursache und Wirkung wird *Karma* genannt. Es ist ein ganz wertneutrales kosmisches Gesetz. Diese Verbindung zwischen Vergangenheit (Ursache) und Zukunft (Wirkung) habe ich zusammenfassend *Karma-Ebene* genannt. Dazwischen liegt die Gegenwart mit unserem Bewußtsein. Es ist fähig, die Wirkung aufzuheben, wenn in der Gegenwart ein neues, göttliches Bewußtsein entsteht. Auf der *Karma-Ebene* habe ich also drei Prozesse, den Ursachenprozeß für die Vergangenheit, den Entwicklungsprozeß für die Zukunft und den Bewußtseinsprozeß für die Gegenwart.

Wie entwickelt sich zukünftig eine Energie, wenn ich mich heute zum Beispiel für eine Wohnung in München entscheide? Das zu erfahren, gibt den Entscheidungen heute eine größere Sicherheit. Zukunft hat die Menschen schon immer fasziniert. Nur fühlten sie sich ihr mehr oder weniger ausgeliefert. Hier erfahren sie, daß es möglich ist, auftauchende Schwierigkeiten in der Zukunft heute, in der Gegenwart, zu lösen. Ändere ich meine Einstellung, lerne ich positiv zu denken, erfasse ich größere Zusammenhänge, so verändern sich auch die zukünftigen Energien. Dann habe ich mich eben mit diesen Energien auseinanderzusetzen.

Im weiteren Verlauf hatte ich die *Seins-Strukturen* des Menschen zu formulieren. Wir befinden uns ständig in dem Konflikt zwischen Anspruch und Wirklichkeit, zwischen Wollen und Nicht-Können, zwischen Einsicht und doch Anders-Handeln, zwischen Glauben und Zweifeln und vielen anderen Ebenen mehr. Diese Situationen habe ich Schnittpunkte genannt. Leben spielt sich an diesen Schnittpunkten ab, und die Gegenwart ist die Summe aller Schnittpunkte.

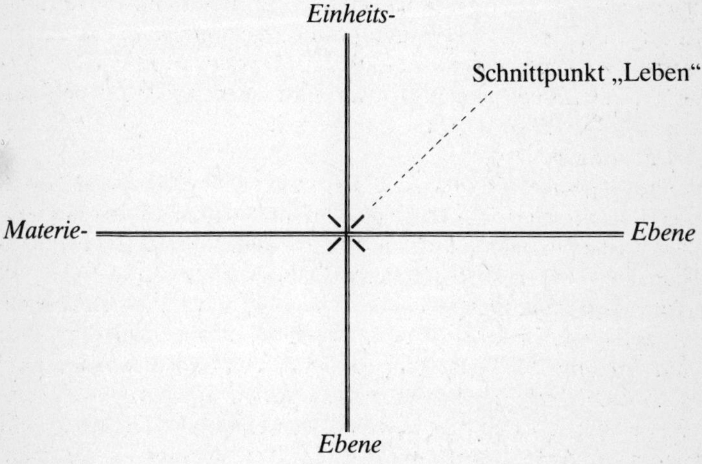

Diese Schnittpunkte habe ich dargestellt als *Einheits-Ebene* mit der Vertikalen und als *Materie-Ebene* mit der Horizontalen. Beides zu vereinigen, sozusagen den Schnittpunkt zu erkennen *und* zu leben, ist unsere Aufgabe. Um die *Seins*-Ebenen auf der Einheits-Ebene lösen zu können, bedarf es der göttlichen Gnade. Deshalb habe ich diesen Prozeß auch Gnadenprozeß genannt.

Wir haben uns „nur" dieser Gnade zu öffnen, um sie annehmen zu können. Die Vertikale ist nach links oder nach rechts verschiebbar; es stellt den Kreuzungspunkt dar, wo wir zum ersten Mal mit dem Göttlichen Bewußtsein in Berührung gekommen sind. Dort beginnt unser „geistiger" Weg. Viele Menschen erleben diese Berührung mit dem Göttlichen erst bei ihrem physischen Tod.

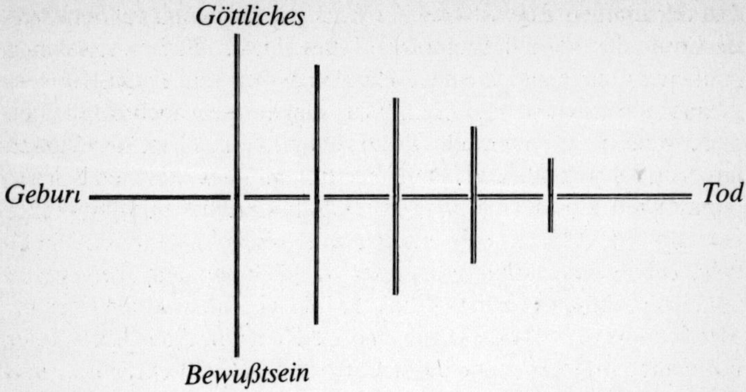

Die Kenntnis von diesen beiden Achsen erleichtert es uns, toleranter gegenüber dem Mitmenschen zu sein, ihm mehr Verständnis entgegenzubringen, je nachdem, von welcher Achse aus wir die Situation betrachten. Ein Mann, der aus vertikaler Sicht den göttlichen Willen erfüllt, sagt beispielsweise: „Das ist die Frau meines Lebens!", während ein anderer aus horizontaler Sicht zur gleichen Frau sagt: „So eine unsympathische Frau." Die Verwirklichung des Menschen hängt davon ab, ob und wann er diesem Göttlichen Bewußtsein begegnet ist und anfängt, die Schnittpunkte zu leben.

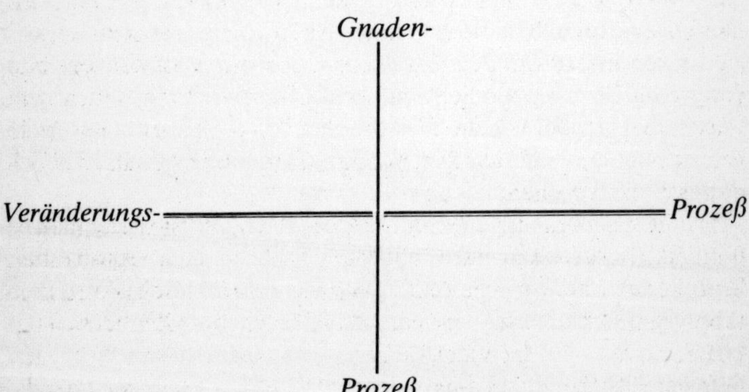

Auf der *Einheits-Ebene* findet der Gnadenprozeß und auf der *Materie-Ebene* der Veränderungsprozeß statt. Das bewußte Annehmen göttlicher Gnade hat eine neue Handlungsweise zur Folge.

Sind wir einmal auf „unserem Weg", beginnt sich auch unser Energiebewußtsein zu entwickeln. Dazu gehört in erster Linie das Wissen um die Chakren: das sind Energiezentren im feinstofflichen Körper, – sozusagen Transformatoren zwischen kosmischer und physischer Energie – der Wirbelsäule entlang vom Wurzel-Chakra des Steißbeins zum Scheitel-Chakra über dem Kopf. In meinem 12er-System fand ich natürlich 12 Haupt-Chakren, die ich im einzelnen noch beschreiben werde. Chakren sind Energie-Zentren, die in besonderer Form angeordnet sind und die sich „drehen". Die Drehrichtung und die Art ihrer Rhythmen geben Auskunft über die seelische und geistige Entwicklung.

Mit den Chakren-Prozessen mache ich eine Bestandsaufnahme und kann erkennen, was als nächstes in meiner Entwicklung ansteht, um meinem Lebensziel näher zu kommen. Die Chakren-Prozesse gehen sehr in die Tiefe und es ist innerlich eine zwölffache Konfrontation! Auch jede Karte, die ich mit einer positiven Bedeutung ziehe, sagt aus, daß ich ihre Inhalte erst noch zu lernen, zu entfalten habe. Deshalb möchte ich jeden Leser bitten, erst dann mit den Chakren-Prozessen zu beginnen, wenn er sich auf den anderen Ebenen eingearbeitet, eingefühlt hat.

Diese Bitte gilt auch für die *Seins*-Strukturen, also die *Einheits*- und *Materie*-Ebene, die sich ausdrücken im Konflikt zwischen Geist und Materie oder Seele und Materie. Was bedeutet *Einheits-Ebene?* Sie hat zwei Aspekte, den männlichen, den wir Geist nennen, und den weiblichen, den wir Seele nennen. Die uralte Frage taucht auf: Was ist Geist, was ist Seele? Es ist auch schon der Begriff Geistseele geprägt worden, wohl aus dem richtigen Empfinden heraus, daß beide zusammengehören.

Den übergeordneten Begriff für Geist und Seele nenne ich *Gott.* Gott ist nämlich nicht nur Gott-Vater, sondern auch Gott-Mutter. Seele ist also der weibliche Aspekt Gottes, während Geist den männlichen Aspekt darstellt. Geist hat mit der Macht des Glaubens zu tun und Seele mit der Macht der Liebe.

In der Bibel steht: „Glaube, Liebe, Hoffnung, diese Drei, aber die

Liebe ist die größte unter ihnen.“ Der Mensch stellt die Hoffnung dar, insofern er göttliche Liebe und Glauben annehmen kann, um sich dadurch zu verwirklichen.

Gott-Vater und Gott-Mutter sind zwei Aspekte unseres Seins, die anderen beiden Aspekte beziehen sich auf die Materie. Aber was ist sie? Materie hat etwas mit meinem Körper zu tun und zwar mit der Existenz meines physischen Körpers. Das ist der dritte *Seins*-Aspekt und der vierte sind meine Mitmenschen. Nur über sie kann ich mich erfahren, kann ich mich erkennen, komme und finde ich zu meinem Hohen Selbst. Einheit entsteht, wenn ich mit allen vier Aspekten des *Seins* in Harmonie bin. In der Einheit erst beginnt das, was wir Leben nennen. Und Leben existiert im Schnittpunkt dieser beiden Bewußtseins-Ebenen.

Gnade kann ich dann annehmen, wenn ich ihrer bewußt werde. Der Bewußtseinsprozeß in der Gegenwart hilft mir, zu erkennen, welche Gnade mir zuteil wird. Auch für mich selbst war das Schreiben dieses Buches ein tiefgreifender Bewußtseinsprozeß, der in der Erkenntnis gipfelte, daß wir der Gnade täglich teilhaftig werden und zwar – im Traum! Alle Trauminhalte haben einen *Ich*-Bezug. Der Traumdeutungsprozeß macht mir bewußt, wovon ich in dieser Nacht durch den Traum erlöst worden bin! Wiederholungen ähnlicher Traumbilder zeigen uns damit, daß wir nicht losgelassen haben und die Gnade noch nicht angenommen haben. Durch diese neue Erkenntnis wird klar, warum Gehirnforscher festgestellt haben, daß es krankmachend ist, Menschen in ihrer Traumphase zu unterbrechen. Sie werden ja dadurch ihrer Erlösungsmöglichkeit beraubt.

Der Traumdeutungsprozeß wird auf der *Karma*-Ebene abgelesen und deutet darauf hin, daß wir durch das Bewußtmachen der *Ich*-Trauminhalte jedenfalls dieses Karma nicht mehr zu leben haben.

II. ALLGEMEINE HINWEISE

Die dem klassischen Tarot entsprechenden Karten der großen Arkana, die auch oft als Hauptkarten bezeichnet werden, nenne ich *Vertikal*-Karten, der vertikalen *Einheits-Ebene* entsprechend. Ich habe neben den 22 bekannten Hauptkarten noch eine leere Karte, also insgesamt 23 *Vertikal*-Karten.

Die dem klassischen Tarot entsprechenden Karten der kleinen Arkana, die auch als Nebenkarten bezeichnet werden, nenne ich *Horizontal*-Karten, der horizontalen *Materie-Ebene* entsprechend. Jede dieser 56 Karten hat einen direkten Bezug zu den Vertikal-Karten, um besser erkennen zu können, wo das geistige Prinzip verletzt worden ist. So wird eine Verbindung zum Wesentlichen hergestellt.

Bevor Sie beginnen, schauen Sie bitte in Ihr Tarot-Deck, ob es eine weiße Karte gibt. Sonst nehmen Sie ersatzweise die Werbe- oder Impressumkarte.

Bei allen Auslegungen, die durchgeführt werden, haben die *Vertikal*-Karten eine besondere herausragende Bedeutung. Sie betonen grundlegende, prinzipielle Bewußtseinsenergien. Das drückt sich insbesondere in den formulierten *Schnittpunkten* aus. Sie sind sozusagen die Essenz. In der Formulierung steht die Entsprechung zur Vertikalen immer zuerst und dann die Entsprechung zur Horizontalen. Beispiel: Die Karte XI. Die Gerechtigkeit (Die Realität) auf der Du-Ebene „Barmherzigkeit" – Schnittpunkt zwischen Nächstenliebe und Herzenswärme.

Die genaue Fragestellung am Anfang eines Prozesses ist sehr wichtig. Je präziser die Frage, desto präziser die Antwort. Dann brauchen Sie die richtige Prozeß-Ebene. Anhand der Prozeßbeschreibung (siehe: Die einzelnen Legemöglichkeiten) wissen Sie, zu welcher Ebene Ihre Frage gehört. Generell werden alle Karten mit „Links" gezogen, da die linke Hand für das Unbewußte steht; die rechte Hand steht für den Verstand. Aber Sie wollen ja gerade das erfahren, dessen Sie sich bisher nicht bewußt sind. Sie lassen sich für Ihre Fragen und die auserwählten Erkenntnisprozesse genügend Zeit.

Es sind alles Selbsterfahrungsprozesse auf einer kosmischen Ebene, die Ihnen zunächst vielleicht ungewohnt sind. Sie werden viele neue Zusammenhänge erfahren, die erst einer geistigen Auseinandersetzung bedürfen. Sich die kosmische Ebene zu erschließen, braucht etwas Zeit. Dieses Buch ist vor allem als Therapie-Buch zur Selbst-Heilung durch Selbst-Erkenntnis gedacht. Es setzt Ihren innersten Wunsch, sich verändern zu wollen, voraus.

Es ist ein Buch für die praktische Anwendung und daher sind die theoretischen Informationen in den Hintergrund getreten. Dabei ist soviel Raum vorhanden, daß jeder ihn mit seinem Bewußtsein ausfüllen kann.

Selbstverständlich gibt es auch eine spielerische Seite dieses *Kosmischen Tarots*. Es ist auch als Spiel mit Freunden und Gästen anwendbar; speziell dann, wenn sie sich untereinander nicht kennen. Einer zieht die Karte mit der Frage: „Was kann ich von dem anderen lernen?“, und die Mitspieler können ihm dann intuitiv sagen, wie sie die Bedeutung verstehen und was sie dazu empfinden.

Sie können es sich auch zur Gewohnheit machen, jeden Morgen eine Karte zu ziehen für die Energien des jeweiligen Tages. Sehr schön ist es, auf diese Karte zu meditieren. Es kann ein sehr schöner oder spannender Erfahrungsprozeß werden, mit dieser Tageskarte umzugehen: wie reagieren Sie damit auf die Umwelt, was wird Ihnen als Reaktion entgegengebracht, wie integrieren Sie das in sich, was fühlen Sie? Sind Sie aufmerksam mit dieser Energie umgegangen oder stellen Sie am Abend fest, daß Sie die Karte den ganzen Tag vergessen haben? Dann ziehen Sie am nächsten Morgen keine neue Karte, sondern setzen sich mit der vom Vortage auseinander.

Generell gilt: Haben Sie einen Protest gegen eine Karte in der Art, daß Sie sich darin gar nicht erkennen können oder wollen, so sollten Sie dieser Karte Ihre besondere Aufmerksamkeit schenken. Gerade dieser Protest zeigt, daß Sie damit ein großes Problem haben. Mit der Zeit werden Sie verstehen.

Es wird Ihnen auffallen, daß Sie in den verschiedensten Prozessen immer wieder die gleiche Karte ziehen – bis ein bestimmtes Problem gelöst ist. Unsere Probleme sind auch spiralförmig gespeichert und es kommt vor, daß nach einiger Zeit die „alte" Karte trotzdem wieder auftaucht. Dann ist es Zeit, daß dieses Problem auf einer noch höheren Ebene gelöst wird.

Sind Sie in einer bewußten Selbsterfahrungs-Entwicklung, ist es ratsam, für alle Prozesse ein *Tarot-Tagebuch* zu führen. Gerade durch das Aufschreiben wird vieles noch klarer und verständlicher. Sie werden feststellen, daß die Prozesse Ihr Leben begleiten. Einmal innerlich geöffnet, kommen immer mehr Assoziationen hoch und das Unterbewußtsein gibt Ihnen Informationen frei, die Ihnen vorher nicht zugänglich waren. Mit dem Tagebuch können Sie Erkenntnisse mitverfolgen; ein ständiger Entwicklungsprozeß.

Immer wieder wird gefragt, was ist, wenn ich die Frage später nochmals stelle? Die Erfahrung hat gezeigt, daß der Sinngehalt immer der gleiche bleibt, völlig egal, welche Karten gezogen wurden.

Dieses *Kosmische Tarot* übt in hohem Maße Ihre Intuition, Ihre Assoziationsfähigkeit; die Konfrontationsfähigkeit verschafft Zugang zum Unterbewußtsein; ermöglicht das Annehmen kosmischer Energien und fördert Ihre Wahrnehmungsfähigkeit. Es festigt Ihren Charakter durch Ehrlichkeit sich selbst gegenüber, erweitert Ihr Bewußtsein durch die Bereitschaft zum Akzeptieren, gibt Ihnen ein Ventil für die unterdrückten Gefühle, regt Ihren Geist an, gibt klare Entscheidungshilfen und schafft so einen Zugang zu Ihrem Hohen Selbst. Jeder wird nur so weit in die Tiefe gehen können, wie er es verkraften, wie er es mit seinem jetzigen Bewußtsein erfassen kann. Darin liegt ein göttlicher Schutz.

III.
DIE LEGETECHNIKEN

Ich möchte Ihnen erst einmal einen Überblick verschaffen über die verschiedenen Legetechniken. Es gibt zusammenhängende, von der Struktur her ähnliche Prozesse wie die vier Grundprozesse, die drei Karmaprozesse, die Chakren-Prozesse und die *Seins*-Prozesse:

A. DIE VIER GRUND-PROZESSE

1. Die *Gott-Ebene* ist ein Inspirationsprozeß
2. Die *Energie-Ebene* ist ein Erkenntnisprozeß
3. Die *Du-Ebene* ist ein Charakterprozeß
4. Die *Ich-Ebene* ist ein Lösungsprozeß

B. DIE DREI KARMA-PROZESSE

1. Für die Vergangenheit den Ursachenprozeß
2. Für die Zukunft den Entwicklungsprozeß
3. Für die Gegenwart den Bewußtseinsprozeß

C. DIE DREI CHAKREN-PROZESSE

1. Für die Seele den Gefühlsprozeß
2. Für den Geist den Glaubensprozeß
3. Für den Körper den Verwirklichungsprozeß

D. DIE ZWEI SEINS-PROZESSE

1. Auf der *Schnittpunkt-Ebene* der Gnaden- und Veränderungsprozeß
2. Auf der *Kreuz-Ebene* der Wahrheitsprozeß

A. Die vier Grundprozesse

1. Die Gott-Ebene ist ein Inspirationsprozeß

Die großen Fragen der Menschheit nach dem *Warum* können hier aus kosmischer Sicht beantwortet werden. Jeder findet seine kosmische Antwort und jeder kann erkennen, was er persönlich zum Frieden in seinem Inneren und damit in der Welt beitragen kann. Die *Gott-Ebene* ist auch zu legen, wenn man für seine Arbeit Inspiration und Orientierung braucht.

Wir verbinden uns mit dem kosmischen, dem Göttlichen Willen. Wie wichtig ist für uns: „Dein Wille geschehe" zu leben. Aber wie erfahre ich, ob ich auch nach dem Göttlichen Willen handle? Mit diesem Inspirationsprozeß bekommen wir eine Vorstellung dessen, was für uns aus kosmischer Sicht richtig ist. Das ist sehr wesentlich bei wichtigen Entscheidungen, die ich im Leben zu treffen habe, zum Beispiel Lebenspartner, Beruf, Stellungswechsel, Wohnung. Aber auch bei Fragen nach meinem geistigen Weg, in welche Richtung ich mich zu entscheiden habe.

Die Fragestellung:

1. Wie sieht Gott die Situation?
2. Wie sieht der göttliche Wille aus?
3. Wie kann ich der kosmischen Energie entsprechen?
4. Wie finde ich inneren Frieden?
5. Wie erlange ich metaphysische Gewißheit?

2. Die Energie-Ebene ist ein Erkenntnisprozeß

Die *Energie-Ebene* ist da angesagt, wo es um Auseinandersetzungen geht, um Konfrontationen, ob im privaten Bereich, mit Behörden oder im Beruf. In diesen Auseinandersetzungen haben wir eine bestimmte Resonanz, die wir erkennen wollen, damit wir nicht immer wieder in gleiche unangenehme Situationen kommen. Ändern wir unsere Wirklichkeit (Die *Vertikale*) dazu, verändert sich für uns auch die Realität (Die *Horizontale*). Nur auf der Wirklichkeits-Ebene können wir uns verändern. Auf dieser Ebene brauchen wir eine neue geistige Einstellung.

Die Fragestellung:

1. Welche Energie ist hier vorherrschend?
2. Welche Resonanz habe ich auf diese Energie?
3. Was habe ich zu konfrontieren?
4. Was hilft mir in dieser Situation?
5. Was will ich erreichen?

3. Die Du-Ebene ist ein Charakterprozeß

Jeder uns begegnende Mensch ist unser Spiegelbild. Durch das DU erkennen wir uns selbst. Es geht um unsere Identität, wie sehr es uns gelingt, diese bei jeder Begegnung mit einem Menschen oder in einer Gruppe zu wahren. Wie gebe ich mich? Bin ich ganz ich selbst oder spiele ich plötzlich eine ganz andere Rolle? Durch welchen Charakterzug wird mein Verhalten geprägt in der Beziehung zu Partnern, zum Chef, zu Untergebenen, zu andersdenkenden Gruppen, zu Freundschaften? Ich scheine oft ein anderer zu sein, je nachdem, wen ich vor mir habe. Bin ich stark genug, ich selbst zu sein oder werde ich durch den anderen geprägt? Inwieweit lasse ich mich von der Stimmung des anderen beeinflussen? Ich erkenne meine Fassaden, meine Mauern, meine Ängste, meine Verhaltensstrukturen, ob ich Opfer spiele oder Verfolger, ob ich mich unterdrückt fühle oder selbst Macht ausübe.

Die Fragestellung:

1. Wie bewahre ich meine Identität?
2. Welche Macht übe ich auf den anderen aus?
3. Wie kann ich meine Rolle loslassen?
4. Was erkenne ich in meinem Spiegelbild?
5. Wie kann ich meinen Charakter festigen?

4. Die Ich-Ebene ist ein Lösungsprozeß

Das ist die Ebene der Probleme, die gelöst werden wollen. Wir können uns oft nicht mit einem Problem identifizieren, weil wir es auf andere projizieren. Wir können uns selbst nicht konfrontieren – aus Angst vor der Wahrheit. Doch Wegschauen und Nichts-tun vergrößert die Problematik und immer mehr Energie wird gebunden. Eine Lösung gibt es immer nur dann, wenn wir bereit sind, uns zu entscheiden. Die meiste Energie unseres Lebens wird dafür aufgebracht, dem eigentlichen Problem auszuweichen; sich nicht entscheiden zu müssen. Der Lösungsprozeß hilft uns, zu erkennen, warum wir uns nicht entscheiden wollen.

Die Fragestellung:

1. Was ist die Wahrheit über mich?
2. Warum habe ich vor dieser Wahrheit Angst?
3. Was habe ich zu überwinden?
4. Was gilt es loszulassen?
5. Was habe ich zu entscheiden?

B. Die drei Karmaprozesse

Karma – das Gesetz von Ursache und Wirkung – können wir nur verstehen, wenn wir an Reinkarnation glauben, da die Seele sich kaum in einem einzigen Erdenleben voll entwickeln kann. Karma erstreckt sich auf diese Leben. Einen Lernprozeß abzuschließen, ist der Grund dafür, daß sich unsere Seele immer wieder zur Reinkarnation entschließt. Durch unsere Vorstellungen von Raum und Zeit erscheinen uns die Dinge in einem kausalen Zusammenhang. So entsteht in unserem Geist Vergangenheit, Gegenwart und Zukunft. So haben wir dementsprechend drei Karmaprozesse:

Den *Ursachenprozeß* für die Vergangenheit.
Den *Entwicklungsprozeß* für die Zukunft.
Den *Bewußtseinsprozeß* für die Gegenwart.

1. Der Ursachenprozeß für die Vergangenheit

Möchte ich die Ursache einer Krankheit, eines Schicksalsschlages, einer Charakterschwäche oder verschiedener anderer Probleme kennenlernen, so gehe ich durch einen Ursachenprozeß.

Die Fragestellung:

1. Warum?
2. Weshalb? Wodurch? Wozu? Woher? Was? Wieso?

Zwei Vorgehensweisen sind möglich:

1. Ich ziehe eine Karte mit der Frage *„Warum?“* und schaue nach der Antwort auf der *Karma-Ebene*. Ist die Antwort nicht erfüllend genug, ziehe ich die nächste Karte, wiederum mit der Frage

„Warum?". Das wiederhole ich so lange, bis ich erschöpfend Antwort erhalten habe.

2. Ich ziehe eine Karte mit einem beliebigen Fragewort: *Wodurch – Weshalb – Wozu – Wovon – Woher – Wohin – Was – Wieso* und schaue nach der Antwort auf der *Karma-Ebene*. Ist sie nicht erfüllend genug, ziehe ich die nächste Karte, wiederum mit einem x-beliebigen Fragewort. Das wiederhole ich so lange, bis ich erschöpfend Antwort bekommen habe.

2. Der Entwicklungsprozeß für die Zukunft

Der zweite Karmaprozeß bezieht sich auf die zukünftige Entwicklung wichtiger Lebensfragen. Leben ist ein dauernder oder „lebenslänglicher" Lernprozeß. Geht es um eine anstehende Entscheidung, bekomme ich auf diese Weise Entscheidungshilfe. Geht es um eine bereits endgültige Entscheidung, wie um eine Eheschließung oder einen Wohnungswechsel, kann ich aus der Antwort auf mich zukommende Schwierigkeiten erkennen und mich heute bereits darauf einstellen und neue Entscheidungen treffen. Geht es um so tiefgreifende Entscheidungen wie eine Partnerschaft, sollte immer auch die Antwort aus kosmischer Sicht dazu eingeholt werden, die man auf der *Gott-Ebene* ablesen kann. Dieser Entwicklungsprozeß zeigt die sich linear entwickelnden Energien, aufgrund unserer heutigen Position, unseres heutigen Bewußtseins, unserer heute uns bestimmenden unbewußten Programme. Der Entwicklungsprozeß wird bestimmt von unseren heutigen Entscheidungen. Wenn ich heute eine bestimmte Entscheidung treffe, was löse ich damit unbewußt aus? Eine individuelle Assoziationskette entsteht. Genauso individuell ist der Zeitpunkt, wann was ausgelöst wird. Eine Frage entwickelt sich aus der anderen und ist intuitiv zu erfassen.

Die Fragestellung:

1. Was löse ich mit meiner Entscheidung unbewußt aus?

3. Bewußtseins- und Traumdeutungsprozeß für die Gegenwart

Den dritten Karmaprozeß erlebe ich in der Gegenwart und zwar allnächtlich im Traum! Der Traum hilft uns, unbewußt viele Dinge aufzuarbeiten. Speziell Schockerlebenisse werden uns im Traum immer wieder in verschlüsselten Bildern gezeigt. Es ist also gut zu träumen. Träume sind nur individuell zu deuten, je nach Entwicklung, Bewußtseinszustand oder nach der Art des Lernprozesses, der erforderlich ist. Da die Umwelt unser Spiegelbild ist, wird verständlich, daß wir den Traum nur dann richtig verstehen können, wenn wir erkennen, daß alle Personen, alle Gegenstände oder alle Kulissenbilder wir selbst sind. Alles bin *Ich*, alles ist Ausdruck bestimmter Strukturen in mir. Die Träume helfen sehr, besser zu erkennen, wie wir mit der Gnade Gottes umgehen. Durch die individuellen Bedeutungen können wir sehen, welche unbewußten Probleme in uns gelöst worden sind. Es ist sehr aufschlußreich und ratsam, ein Traum-Tagebuch mit den Deutungsaufzeichnungen zu führen.

Die Fragestellung:

1. Was wurde mit diesem Traum gelöst?
2. Was wurde mit diesem Traum gelöst? – Das Hintergrundbild?
3. Was wurde mit diesem Traum gelöst? – Die Gegenstände?
4. Was wurde mit diesem Traum gelöst? – Die Personen?

Wenn wir einen ganz klaren Traum hatten, an den wir uns bildhaft erinnern können, so ziehen wir für die Hauptpersonen und Hauptgegenstände je eine Karte. Habe ich einen verschwommenen Traum, einen Alptraum oder nur Bruchstücke eines Traumes in Erinnerung, so genügt es, nur die Frage zu stellen: „Was habe ich mit diesem Traum gelöst?“

C. Die drei Chakrenprozesse

In der Einleitung sprach ich schon über die Chakra-Energien, hier möchte ich näher auf die Bedeutungen eingehen, die ich den zwölf Chakren zugeordnet habe.

Die Fragestellung:

1. Der Seelen-Prozeß: Wie erweitere ich meine Liebe?
2. Der Geist-Prozeß: Wie stärke ich meinen Glauben?
3. Der Körper-Prozeß: Wie kann ich mich verwirklichen?

Die Chakren im Überblick

1. *Wurzel-Chakra:*	Selbstverantwortung
2. *Nabel-Sexual-Chakra:*	Lebenswille, Zeugungskraft
3. *Milz-Chakra:*	Emotionen, Gefühle
4. *Herz-Chakra:*	Liebe zu mir selbst, zu den anderen
5. *Hals-Chakra:*	Kommunikation mit der Seele
6. *Stirn-Chakra:*	Einstellung zur Welt
7. *Scheitel-Chakra:*	Macht
8. *Geist-Chakra:*	Gedanken
9. *Individuations-Chakra:*	Vorherbestimmung
10. *Harmonie-Chakra:*	Gesundheit Körper-Seele-Geist
11. *Autoritäts-Chakra:*	Charakter
12. *Einheits-Chakra:*	Polarität

Die einzelnen Chakren-Beschreibungen

1. Wurzel-Chakra

Die Grundenergie für unser Leben, sozusagen der Sockel, auf dem sich alles Weitere aufbaut, ist die *Selbstverantwortung*. Sie entsteht aus dem Bewußtsein, daß ich für **alles** selbst verantwortlich bin: für meine Leben, für mein Schicksal, für meine Gesundheit, für meine von mir gewählte Umgebung, für das, was ich in meinem Kosmos wahrnehme und sogar für meine unbewußten Denkmuster. Jeder lebt in seinem eigenen Kosmos, in seiner eigenen Welt, mit seinem eigenen Weltbild. In dem Maße wie ich Selbstverantwortung übernehme, in dem Maße kann ich mich verwirklichen.

2. Nabel- oder Sexual-Chakra

Hier geht es um unsere Art von Lebensenergie, wie sehr wir das Leben bejahen, ob wir eine optimistische, heitere Grundstimmung haben oder nicht. Das zweite Chakra hat zwei Aspekte, wobei sich der zweite im besonderen auf die Zeugungsfähigkeit und im allgemeinen auf die Sexualenergie bezieht. Zwischen beiden gibt es einen Zusammenhang: Habe ich eine natürliche, unverkrampfte Einstellung zur Sexualität, dann habe ich auch einen großen Lebenswillen.

3. Milz-Chakra

Das Milz-Chakra hat etwas mit Gefühlen zu tun, und zwar in Form von Emotionen. Emotionen sind die Gefühle, die wir unterdrücken, die wir verdrängen, die wir nicht wahrhaben wollen, die uns unangenehm sind. Emotionen können sehr heftig und unkontrolliert sein. Es sind die Gefühle, vor denen wir Angst haben, die wir bei anderen sehen und verurteilen, aber an uns selbst nicht erkennen können. Aus Angst vor den Emotionen unterdrücken wir auch unsere wahren Gefühle. Vor allem die Angst vor Aggressionen wird verdrängt, die sich in Form von Depressionen äußert.

4. Herz-Chakra

Das Herz-Chakra hat auch wieder zwei Aspekte, und zwar geht es um die Liebe zu mir selbst und um die Liebe zu meinen Mitmenschen, zum Du. Während es uns im allgemeinen weniger schwerfällt, andere zu lieben, sieht es mit der positiven Selbstliebe oft anders aus. Selbstliebe hat mit Egoismus nichts zu tun; sie ist eine Grundvoraussetzung für unser Leben.

5. Hals-Chakra

Hier geht es um die Kommunikation mit unserer Seele, um das Wahrnehmen ihrer Bedürfnisse. Wir können unsere Mitmenschen nur wahrnehmen, wenn wir uns selbst wahrnehmen können. Seele ist der weibliche Aspekt Gottes. Dieser Aspekt umfaßt auch die Mutter-Prinzipien und was an Mutter-Vorstellungen in uns gespeichert ist. Das Hals-Chakra hat einen direkten Bezug zum Sexual-Chakra. Bin ich in bezug auf das andere Geschlecht verschlossen, verschüchtert, verkrampft, so bin ich dies auch in bezug auf meine eigene Seele.

6. Stirn-Chakra

Welche Einstellung habe ich zur Welt, wie sehe ich meine Umwelt und wie bringe ich mich dort ein? Die „Welt“ kann als mein Spiegelbild betrachtet werden. Was ich an der Welt protestiere, das habe ich in mir zu erkennen. Egal, ob es überpersönliche Proteste sind gegen Kriege, Verbrechen, Unterdrückung und Abhängigkeiten, oder persönliche Proteste gegen Charaktereigenschaften und Verhaltensweisen anderer Menschen. Viele empfinden die Welt als Bedrohung, als Konkurrenz- und Existenzkampf und haben Angst vor ihr. Das gilt es zu überwinden.

7. Scheitel-Chakra

Das Scheitel-Chakra hat etwas mit Macht zu tun. Der Gegenpol dazu ist die Unterdrückung. Alle kennen diese Auseinandersetzungen oder auch das Ausweichen davor. Das Scheitel-Chakra hat einen Bezug zum Wurzel-Chakra und deshalb wird deutlich, daß es hier um meine eigene Macht geht, das heißt, um die mir gegebenen Fähigkeiten, mit denen ich mein Lebensziel erreichen kann. Erlebe ich in der Realität Unterdrückung, so bedeutet das, daß ich meine eigenen Fähigkeiten, mein eigentliches Können unterdrücke. In der Polarität erlebe ich einen zu starken Ehrgeiz.

8. Geist-Chakra

Das Geist-Chakra hat einen Bezug zu den Gedanken. Ich bin, was ich denke. Mein Bewußtsein reicht so weit, wie ich in der Lage bin, gedanklich etwas zu erfassen. Der Geist setzt Bilder, formt Vorstellungen, visualisiert, bestimmt meine Ziele, nach denen ich strebe. Ich bin verantwortlich für meine Gedanken, sie machen mein Schicksal, mein Weltbild aus. Gedankenkontrolle ist ein wesentlicher Beitrag zu meiner Entwicklung.

9. Individuations-Chakra

Jeder Mensch ist ein Individuum. Jeder hat sein spezifisches Eiweiß, jeder hat seine spezifische Frequenz, jeder ist einmalig. Will ich als Individuum leben, habe ich mich freizuhalten von allen „man"- Vorstellungen. Meine Individuation kann ich finden, indem ich meine göttliche Vorsehung, meine Vorherbestimmung lebe. In diesem Leben habe ich eine bestimmte Aufgabe, einen individuellen Lernprozeß zu erfahren. Ich habe zu ihm Zugang, wenn ich am kosmischen Energiefluß angeschlossen bin.

10. Harmonie-Chakra

Jeder sehnt sich nach Harmonie, nach Ausgleich, nach dem Schönen und Guten. Die linke Körperhälfte ist Gott-Mutter – Seele, Hingabe, Zyklus, Natur; die rechte Körperhälfte ist Gott-Vater – Geist, Zeit, Schöpfung, Rhythmus. Die große Sehnsucht ist, Seele und Geist in Harmonie zu bringen; daß ich den geistigen Weg gehe, ohne meine seelischen Bedürfnisse zu unterdrücken. Der Körper als Verwirklichungsebene signalisiert uns, wenn wir uns nicht im Gleichgewicht befinden. Bin ich in Einheit, erlebe ich ein Gefühl von Glückseligkeit und Harmonie.

11. Autoritäts-Chakra

Meine Autorität oder Nicht-Autorität wird bestimmt durch meinen Charakter. Die Festigkeit des Charakters trägt zur Selbstverwirklichung bei. Ein natürlicher Charakter hat eine natürliche Autorität zur Folge. Autorität ist demzufolge der äußere Spiegel meiner inneren Wirklichkeit. Erkenne ich meine innere Wirklichkeit, erkenne ich auch meinen Charakter.

12. Einheits-Chakra

Das Ziel allen *Seins* ist das Streben nach Einheit, nach Einssein: mit Gott, mit der Natur, mit dem Mitmenschen, mit mir selbst. Das Ziel ist die Ausrichtung auf den Göttlichen Willen und ihn zu leben, wie es für mich im kosmischen Plan vorgesehen ist. Diese Polarität in allen Dingen zu akzeptieren und gleichzeitig dahinter die Einheit zu fühlen, ist der Weg zu Gott. Die Reife eines Menschen zeigt sich daran, wie sehr er in der Lage ist, diese Polarität frei von Emotionen zu leben. Alles, was geschieht, folgt geistigen Gesetzmäßigkeiten. Kann ich sie bewußt anwenden, schaffe ich Frieden in mir und in meiner Umwelt.

Die Vorgehensweise:

Drei verschiedene Prozesse sind möglich, die mir helfen, Körper, Geist und Seele in Harmonie, in Einheit zu bringen. Es ist ein Prozeß, der von der Gegenwart ausgeht, sozusagen mit der Frage: Wo stehe ich heute? Was habe ich zu erkennen, um mich zu verwirklichen? Die Vergangenheit ist hier überhaupt nicht relevant; es gibt kein Bedauern, keine Selbstvorwürfe, keine Rechtfertigungen, es gibt nur die Göttliche Gegenwart mit ihrer Gnade, mich jetzt erkennen und mich jetzt entscheiden zu dürfen für einen neuen Weg, der zu mir selbst führt und zu meiner Verwirklichung.

Alle drei Prozesse werden nur auf der *Gott-Ebene* ausgeführt. Wir bekommen dann die Antwort, wie unsere Liebe, unser Glauben und unsere Verwirklichung aussieht aus höherer Sicht. Jede Karte zeigt mir an, wo ich heute stehe. Sozusagen eine Bestandsaufnahme der Gegenwartssituation. Ich habe sie zu akzeptieren, damit ich mich weiterentwickeln kann. Die Polarität der Karten ist intuitiv zu erfassen. Auch die positiven Kartenbedeutungen zeigen mir, was noch notwendig ist für eine körperliche, seelische und geistige Gesundheit. Lebe ich meine Liebesfähigkeit *(Seele)* und integriere meinen Glauben *(Geist)*, schaffe ich die Voraussetzung für meine Verwirklichung *(Körper)*. Erst wenn Körper, Geist und Seele in Harmonie sind, erlange ich die körperliche, geistige und seelische Gesundheit.

D. Die zwei Seins-Prozesse

Die *Seins-Ebenen* werden dargestellt durch das Kreuz der Vertikalen *(Einheit)* und der Horizontalen *(Materie)*. In diesen Schnittpunkten spielt sich das Leben ab.

Wir haben hier zwei Prozesse, die sich auf dieses „Erlösungs"-Kreuz beziehen: einmal das Kreuz selbst und zum anderen der Schnittpunkt.

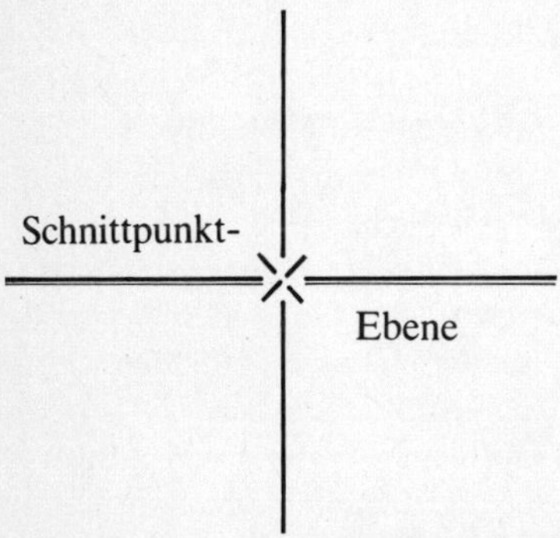

Gnaden- und Veränderungsprozeß

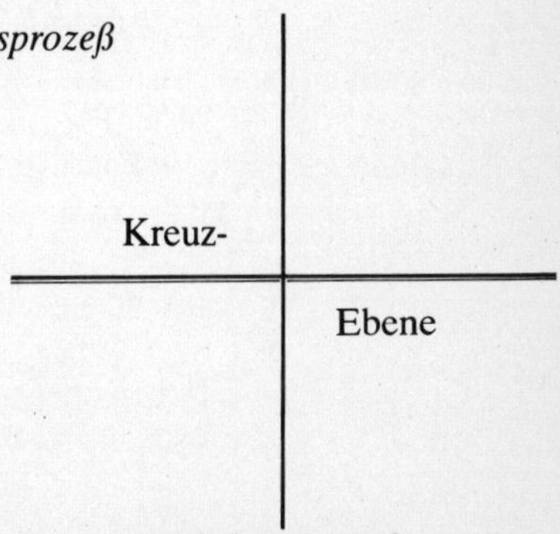

Wahrheitsprozeß

Auf der *Schnittpunkt*-Ebene findet zugleich der *Gnaden-* sowie der *Veränderungsprozeß* statt:

Wir hatten gesagt, daß es der Gnade bedarf, um Strukturen auf der Vertikalen zu lösen, die dann auf der Horizontalen Veränderungen auslösen. Der Schnittpunkt zeigt uns genau an, wo wir gerade jetzt mit unserem Göttlichen Bewußtsein stehen.

Die Fragestellung für den *Gnaden-* und *Veränderungsprozeß:*

1. Wo stimme ich mit dem göttlichen Bewußtsein nicht überein?
2. Wo bin ich getrennt von Gott?
3. Wie komme ich in Einheit mit Gott?
4. Bin ich bereit, göttliche Energien anzunehmen?
5. Was ist im Begriff sich zu verändern?
6. Was kann ich für meinen Nächsten tun?

Auf der *Kreuz*-Ebene findet der *Wahrheitsprozeß* statt:

Bei diesem Wahrheitsprozeß geht es darum, einen umfassenden Überblick zu bekommen über den Göttlichen Willen . Auf der *Gott*-Ebene ging es um eine Inspiration, hier geht es um die tiefere Wahrheit, wie sehr wir eigentlich bereit sind, den Göttlichen Willen überhaupt zu leben. Mit dem Kopf, mit dem Verstand möchten wir ja so gerne, daß alles gut geht und überall Frieden herrscht. Wie entspricht die Polarität dazu dem Göttlichen Willen? Aus kosmischer Sicht ist die Erde eingebettet in ein größeres Ganzes mit einer bestimmten Aufgabe. Nichts geschieht aus Zufall. Damit die Erde ihre Aufgabe erfüllen kann, wird uns Menschen ein bestimmter Platz zugewiesen, unser kosmischer Platz. Diesen Platz kann ich nicht einnehmen, wenn ich nicht am kosmischen Energiefluß angeschlossen bin. Die Chakren gaben uns Auskunft über unsere geistige, seelische und körperliche Entwicklung, die entscheidend dazu beitragen, nach den kosmischen Gesetzmäßigkeiten zu leben. Hier ging es noch um das Verhältnis *Selbst – Kosmos*. Die *Seins*-Strukturen dagegen sind überpersönlich. Sie gehen über unser *Selbst* hinaus. Wollen wir uns dort anschließen, müssen wir sehr aufrichtig sein in unserem Verhältnis zu Gott.

Das Gottverhältnis stellt die *Vertikale* dar und unser Leben ist in der *Horizontalen*. Wollen wir die ganze Wahrheit über uns erfahren, haben wir beide Ebenen miteinander zu verbinden. Dabei hat das Leben selbst drei Bereiche: den unbewußten, den bewußten und den überbewußten.

Gottverhältnis
Gott-Vater
Mitmensch

Leben: *Unbewußt*═══*Bewußt*═══*Überbewußt*

Gottverhältnis
Gott-Mutter
Körper

Tabellarischer Überblick:

	Gott-Vater	Gott-Mutter	Mitmenschen	Körper
unbewußt	1	4	7	10
bewußt	2	5	8	11
überbewußt	3	6	9	12

Zu dem *Wahrheitsprozeß* vertikal und dem *Wahrheitsprozeß* horizontal gibt es verschiedene Fragestellungen:

Die Fragestellung für den *Wahrheitsprozeß (Vertikal)*:

1. Wie aufrichtig ist meine Verbindung zu Gott-Vater?
   - unbewußt
   - bewußt
   - überbewußt

2. Wie aufrichtig ist meine Verbindung zu Gott-Mutter?
   - unbewußt
   - bewußt
   - überbewußt
3. Wie nehme ich meine Mitmenschen wahr?
   - unbewußt
   - bewußt
   - überbewußt
4. Wie nehme ich meinen physischen Körper wahr?
   - unbewußt
   - bewußt
   - überbewußt

Die Fragestellung für den *Wahrheitsprozeß (Horizontal):*

1. Wie sieht das Unterbewußtsein mein Leben?
2. Wie sieht mein Verstand mein Leben?
3. Wie sieht Gott mein Leben?

IV. INTERPRETATIONS-HINWEISE

Es gibt zu jeder Ebene jeweils nur eine unmißverständliche Bedeutung, doch ist diese im Zusammenhang mit dem entsprechenden Prozeß zu betrachten. Bekomme ich in einem Prozeß überwiegend *Horizontal*-Karten, dann weiß ich um die grundlegenden Bewußtseinsenergien; ich bin mir bewußt, daß ich sie noch nicht für meine Verwirklichung angenommen habe.

Die polare Bedeutung der Karten

Die Karten haben auf jeder Ebene nur eine Bedeutung, sie ist aber in der Auslegungsinterpretation polar zu betrachten. Ob die Antwort direkt gegeben wird oder ob die Umkehrung gemeint ist, hängt von der Fragestellung des Prozesses ab.

1. Ein Beispiel auf der *Ich*-Ebene:
Zur ersten Frage „Was ist die Wahrheit über mich?" wird die Karte 6 *Münzen* (Unrecht) gezogen. Bei der *Ich*-Ebene lese ich: „Leistung aberkennen". Es bedeutet, daß ich mir unrecht tue, wenn ich ständig meine eigenen Leistungen nicht anerkenne. Der Bezug zur Vertikal-Karte VII. *Der Wagen* (Die Entscheidung) zeigt, daß ich auf der *Seins*-Ebene eine neue, dem göttlichen Bewußtsein angemessene, Entscheidung über meine Leistungen zu treffen habe. Dann kann ich auch anderer Leistung besser anerkennen und brauche ihnen kein Unrecht antun.

2. Ein Beispiel auf der *Du*-Ebene:
Zur fünften Frage „Wie festige ich meinen Charakter?" wird die Kar-

te 5 *Kelche* (Leid) gezogen. Auf der *Du*-Ebene lese ich: „Enttäuschungen". Es bedeutet, daß ich zu erkennen und zu akzeptieren habe, damit die Täuschung ein Ende hat. Diese erlebten Enttäuschungen helfen mir, mich in meinen Ansprüchen und Vorstellungen realistischer zu sehen und geben mir dadurch die Möglichkeit, meinen Charakter zu festigen.

3. Ein Beispiel auf der *Energie*-Ebene:
Zur vierten Frage „Was hilft mir in dieser Situation?" wird die Karte XX. *Die Welt* (Die Existenz) gezogen. Auf der *Energie*-Ebene lese ich: „Interferenz-Aura". Das ist die Aura zwischen den Menschen und ich habe mich zu fragen, um welche konkrete Person handelt es sich, mit deren Aura ich nicht in Harmonie bin.

4. Ein Beispiel auf der *Gott*-Ebene:
Ich mache einen Chakra-Prozeß und ziehe für das Herz-Chakra die Karte XIX. *Die Sonne* (Gott). Auf der *Gott-Ebene* lese ich: „Schöpfung", Schnittpunkt zwischen Ehrfurcht und Kreativität. Es bedeutet, daß ich die Ehrfurcht vor der Schöpfung in meinem Bewußtsein zu integrieren habe.

Zum Verständnis der einzelnen Ebenen hilft es Ihnen zu wissen, daß diese jeweils im Zusammenhang stehen mit der Überschrift:

Interpretation der Vertikalkarte

XIV. DIE AUSGEGLICHENHEIT (Der Selbstwert).

Du-Ebene: *Hochachtung*
Mein Selbstwert harmonisiert und stabilisiert sich, wenn ich anderen Menschen Hochachtung entgegenbringe.

Energie-Ebene: *Harmonie*
Harmonie ist erst möglich, wenn ich einen stabilen Selbstwert habe, der möglich wird, wenn ich meine Erfüllung lebe.

Gott-Ebene: *Universum*
Lebe ich entsprechend dem Rhythmus des Universums und bringe mich mit ihm in Harmonie, und lebe ich damit meinen Selbstwert.

Ich-Ebene: *Stabilität*
Mein Selbstwertgefühl stabilisiert sich, wenn ich meine Vorsehung lebe und wenn ich mit den kosmischen, universellen Energien verbunden bin.

Karma-Ebene: *Menschlichkeit*
Nehme ich die Wahrheit anderer Menschen wahr und stelle mich auf sie ein, steigt somit zugleich mein eigener Selbstwert.

Materie-Ebene: *Rhythmus*
In der Veränderung mein inneres Gleichmaß behalten, das harmonisiert mein Selbstwertgefühl.

Einheits-Ebene: *Erfüllung*
Erfülle ich das Gebot, anderen Menschen Hochachtung entgegenzubringen, so bin ich in Harmonie mit meinem eigenen *Selbst*.

Interpretation der Horizontalkarte

9 SCHWERTER (Gefahr), Bezug zu XIII. DER TOD (Die Seele)

Du-Ebene: *Bedrohung empfinden*

Energie-Ebene: *Zweifel haben*

Gott-Ebene: *Ausweichen wollen*

Ich-Ebene: *Sich selbst betrügen*

Karma-Ebene: *Flucht in die Regression*

Meine Seele ist in Gefahr und bedarf einer Erneuerung, indem altes Bewußtsein stirbt, und zwar der Zweifel. Durch meinen inneren Zweifel fühle ich mich von der Umwelt, von den Menschen ständig bedroht und will ihnen ausweichen. Ich betrüge mich selbst, wenn ich meine, „aussteigen“ zu können. Die Flucht in die Regression bestätigt dies. Der Ausweg: die Zweifel zu beseitigen.

Interpretationsweisen

Ich habe drei verschiedene Arten, die einzelnen Prozesse zu interpretieren. Sie sind untereinander variabel. Das heißt, ich kann jede Art für jeden Prozeß anwenden. Sie werden es intuitiv wahrnehmen, welche Auslegungsart gerade richtig ist.

1. Die Bestandsaufnahme:
Jede Karte wird einzeln für sich betrachtet und interpretiert.

2. Die Abfolge:
Jede Karte baut auf die andere auf, wird folgerichtig im Ablauf interpretiert und bezieht sich auf das Vorhergehende.

3. Die Komplexität:
Jede Karte wird mit jeder anderen Karte im sinnvollen Kontex interpretiert.

V. DIE KARTEN-BEDEUTUNGEN DES KOSMISCHEN TAROT

Kartenverzeichnis

0. Der Narr

(Das Selbst)

(DU-EBENE) **Offenheit**

Schnittpunkt zwischen Ursprünglichkeit und Vertrauen. Sich mit seiner ganzen Seele, mit seinem Herzen und seinen Gefühlen öffnen. Natürliche, gottverbundene Darstellung unseres Selbstes in der Welt. Das Übernatürliche als „natürlich“ empfinden und sich dem Ursprünglichen öffnen.

(ENERGIE-EBENE) **Kommunikation**

Schnittpunkt zwischen Ausdehnung und Einordnung. Hier ist die Kommunikation mit der Seele gemeint, sie wahrzunehmen, damit sie sich entfalten kann. Sie ist Brücke zu Mitmenschen und zu Gott.

(GOTT-EBENE) **Unsterblichkeit der Seele**

Schnittpunkt zwischen Unvergänglichkeit und Seligkeit. Die Gewißheit der Unsterblichkeit gibt Selbstzufriedenheit und die Fähigkeit zur Empfindung von Glückseligkeit. Die Gewißheit der Unsterblichkeit macht uns göttlich.

(ICH-EBENE) **Selbstlosigkeit**

Schnittpunkt zwischen Wahrnehmung und Kontaktfähigkeit. Selbstlos lieben heißt, den anderen wahrnehmen zu können. So können wir mit dem anderen in Kontakt treten. Es heißt auch zu erkennen, daß erst durch die Selbstlosigkeit ein wahrer innerer Kontakt zur Seele des anderen möglich ist.

(KARMA-EBENE) **Selbst-Liebe**

Schnittpunkt zwischen Bejahung und Annehmen. Bejahen wir göttliche Liebe in der Gegenwart, sagen wir auch *ja* zu uns selbst. Selbstliebe bedeutet, daß wir uns so annehmen können, wie wir jetzt gerade sind.

(MATERIE-EBENE) **Lebensbejahung**

Schnittpunkt zwischen Selbst-Achtung und Lebensfreude. Lebensfreude entsteht, wenn wir dem anderen Menschen genügend Hochachtung entgegenbringen. Das Leben in seiner Vielfalt und Polarität bejahen, annehmen und leben.

(EINHEITS-EBENE) **Zentrierung**

Schnittpunkt zwischen Denken und Fühlen. Den längsten Weg, den der Mensch zu gehen hat, ist der Weg vom Kopf zum Bauch, der vom Denken zum Fühlen führt. Zentriert sein heißt, Intuition und Geist zu koordinieren.

I. Der Magier

(Die Macht)

(DU-EBENE) **Angst vor Macht**

Schnittpunkt zwischen Fähigkeiten und Wagnis. Angst vor der eigenen Stärke, weil „Macht" so negativ interpretiert wird. Wir wagen es nicht, unsere eigene Bestimmung zu leben. Angst vor der Macht der Liebe. Die gelebte Gegenwart überwindet Angst. Liebe ist die größte Kraft, die Angst überwindet, auch die Angst vor unseren eigenen Fähigkeiten.

(ENERGIE-EBENE) **Verwandlung**

Schnittpunkt zwischen Selbst-Bejahung und Loslassen. Verwandlung ist möglich durch Liebe; Verwandlung ist möglich durch Akzeptieren; Verwandlung ist möglich durch Loslassen. Loslassen ist die wichtigste Voraussetzung, um ein behajendes Leben führen zu können. Ein kosmisches Gesetz besagt: Akzeptiere einen Zustand, sonst kann er sich nicht ändern.

(GOTT-EBENE) **ASW-Bewußtsein**

Schnittpunkt zwischen Unbegrenztheit und Verstand. Feinstoffliches Bewußtsein dehnt sich aus, wenn die Begrenzung unseres Verstandes aufgegeben wurde und wir nach Möglichkeiten suchen, unsere Fähigkeiten praktisch einzusetzen. Außersinnliche Wahrnehmungsfähigkeiten werden zur rechten Zeit offenbart.

(ICH-EBENE) **Weisheit**

Schnittpunkt zwischen Gottbewußtsein und Verwirklichung. Gottbewußtsein ist der Weg zur Weisheit. Praktiziertes Gottbewußtsein führt zur Verwirklichung. Die Weisheit offenbart sich darin, unser Karma anzunehmen.

(KARMA-EBENE) **Lebens-Abläufe**

Schnittpunkt zwischen Unbewußtheit und Selbst-Erkenntnis. Wir leben unsere unbewußten Programme. Erkennen wir unsere Programme, können wir sie ändern. Das Unbewußte bewußt zu machen, das ist unsere Aufgabe. Es gibt kein blindes Schicksal, sondern wir dürfen in unsere Lebensabläufe eingreifen.

(MATERIE-EBENE) **Energie-Bewußtsein**

Schnittpunkt zwischen Metaphysischem und Physischem. Energetische Einflüsse erkennen. Energie-Bewußtsein erweitern heißt, die Aura von Menschen und Gegenständen besser wahrzunehmen.

(EINHEITS-EBENE) **Selbst-Erlösung**

Schnittpunkt zwischen Mitmenschen und Meditation. Gemeinschaftliche Meditationen für die Welt, wie Friedens-, Licht oder Heilungsmeditationen praktizieren. Tun wir etwas für unsere Mitmenschen, im Christusbewußtsein, können wir miterlöst werden. Jesus sagt: „Das tue ich für euch alle." An das Christusbewußtsein kann sich jeder bewußt anschließen und dadurch Erlösung finden.

II. Die Hohepriesterin

(Das Außersinnliche)

(DU-EBENE) **Heilen**

Schnittpunkt zwischen Gottes-Dienst und Selbst-Vertrauen. Seine Fähigkeiten zum Heilen entdecken und sie dienend für andere einsetzen, sei es durch Visualisieren, Hände-Auflegen oder anderes.

(ENERGIE-EBENE) **Christus-Liebe**

Schnittpunkt zwischen Seele und Geist. Der Atem ist die Verbindung zwischen Seele und Geist, Christus-Liebe atmet zwischen beidem. Aus- und Einatmen ist dem ständigen Wechsel der Polaritäten unterworfen, der Schnittpunkt verbindet sie zur Einheit.

(GOTT-EBENE) **Wunder**

Schnittpunkt zwischen Gesetzmäßigkeit und Handeln. Wir sind es gewohnt, Bedingungen zu stellen: Du gibst mir Deine Kraft und ich bekomme etwas anderes dafür. Bei Gott gibt es solche kausalen Zusammenhänge nicht, denn Wunder geschehen durch Anwendung kosmischer Gesetzmäßigkeiten. Vertrauen wir darauf.

(ICH-EBENE) **Kosmischer Gehorsam**

Schnittpunkt zwischen Intuition und Sich-Überantworten. Sich dem Höheren überantworten. Den Göttlichen Willen wahrnehmen und danach handeln. Sich selbst treu bleiben. In Gehorsam steckt hören: nämlich auf seine Intuition.

(KARMA-EBENE) **Medialität**

Schnittpunkt zwischen Glauben und Selbst-Erfahrung. Neben den gemeinen Sinnen gibt es noch sieben weitere, die außerhalb unserer physischen Wahrnehmung liegen: Hellsehen mit dem dritten Auge (Aura-Sehen), präkognitive Träume, Hellfühligkeit (Energien wahrnehmen, von Menschen und Gegenständen), mediale Begabungen, Aura-Fühlen und Aura-Lesen. Medialität ist ein großer kosmischer Reichtum. Mediale Menschen sind Mittler zum Metaphysischen.

(MATERIE-EBENE) **Dienen**

Schnittpunkt zwischen Christus-Liebe und Helfen. Christus stellt das Prinzip Liebe dar, ohne die eine wirkliche Hilfe für den Menschen nicht möglich ist. Im Dienen den anderen Menschen entdekken. Helfen bedeutet, kosmische Energie für den anderen empfangen zu können.

(EINHEITS-EBENE) **Zeremonielles Leben**

Schnittpunkt zwischen Kosmologie und Feierlichkeit. Das Leben zeremoniell gestalten, es feierlich begehen in einem würdevollen und angemessenen Rahmen. Ein Leben lang sich immer wieder vor den kosmischen Gesetzen verbeugen.

III. Die Herrscherin

(Die Öffentlichkeit)

(DU-EBENE) **Souveränität**

Schnittpunkt zwischen Objektivität und Souveränität. Sich nicht von dem, was andere von einem denken, beeinflussen lassen. Die Situation überblicken. Sich selbst objektiv betrachten können. Die Emotionen beherrschen.

(ENERGIE-EBENE) **Auftreten**

Schnittpunkt zwischen Integrität und Erscheinung. Das Erscheinungsbild des Menschen hängt von seiner Integration ab, von seiner inneren Entwicklung. Sie zeigt sich darin, wie sehr das Denken und das Fühlen aufeinander abgestimmt sind. Leben verlangt ein von innen her geprägtes Auftreten.

(GOTT-EBENE) **Emanzipation**

Schnittpunkt zwischen Selbstbefreiung und Reife. Die Selbstbefreiung besteht darin, seine Weiblichkeit/Männlichkeit anzunehmen, und sich dazu zu bekennen. Das führt zu großer Reife.

(ICH-EBENE) **Anpassung**

Schnittpunkt zwischen Opportunismus und Mut. Zur Anpassung an die Gegebenheiten im Hier und Jetzt braucht es großen Mut. Dieser Mut zeigt sich darin, kosmische Gesetze anzuwenden wie die Kraft des positiven Denkens, die Kraft der verzeihenden Seele oder die Macht des Glaubens. Das hat mit Opportunismus nichts mehr zu tun, sondern ist ein Zeichen von Entwicklung.

(KARMA-EBENE) **Geburt**

Schnittpunkt zwischen Empfängnis und Vergebung. Vergebung heißt, an die Gnade zu glauben. Mit den Augen der Gnade sehen. An einen gnädigen, gütigen, hingebenden Gott glauben. Geboren zu sein ist ein Ausdruck der Gnade Gottes.

(MATERIE-EBENE) **Exekutive**

Schnittpunkt zwischen Kosmos und Entscheidung. Der Kosmos ist ausführendes Organ unserer Gedanken. Wofür wir uns entscheiden, das erhalten wir. Sind wir mit unserem Schicksal unzufrieden, steht eine neue Entscheidung an. Es gibt dabei keine Ungerechtigkeit.

(EINHEITS-EBENE) **Naturverbundenheit**

Schnittpunkt zwischen Achtung und Dankbarkeit. Die Natur achten und erkennen, daß unser Leben von ihr abhängt. Die Natur gibt uns den Sauerstoff, den wir zum Leben brauchen. Dankbarkeit der Natur gegenüber empfinden und sie als einen Teil einer größeren Ordnung achten.

IV. Der Herrscher

(Die Verantwortung)

(DU-EBENE) **Anerkennung**

Schnittpunkt zwischen Erkennen und Können. Das Wort Anerkennung richtig deuten: Der andere erkennt uns, wir erkennen ihn. Menschen brauchen dann am meisten Anerkennung, wenn sie sich selbst am wenigsten erkennen können.

(ENERGIE-EBENE) **Selbst-Bestimmung**

Schnittpunkt zwischen Vorherbestimmung und Weg. Die Vorherbestimmung bestimmt unseren Weg, den wir zu gehen haben, sie befreit uns aber nicht davon, immer wieder neu entscheiden zu müssen. Im Wort Bestimmung steckt „bestimmt“: Unsere Bestimmung kommt von Gott; unser Weg endet in Gott.

(GOTT-EBENE) **Umsetzungsfähigkeit**

Schnittpunkt zwischen Aufgabe und Ziel. Es ist die Fähigkeit, geistig Erkanntes in die Praxis umzusetzen. Einem gesetzten Ziel entsprechend, sich für die einzelnen notwendigen Schritte zu entscheiden.

(ICH-EBENE) **Durchsetzungswillen**

Schnittpunkt zwischen Standfestigkeit und Aufgabe. Um uns durchsetzen zu können, um gegen Beeinflussungen immun zu sein, müssen wir erst einmal wissen, was wir wollen, müssen wir unsere Aufgabe kennen. Das Richtige zu tun, gibt uns Standfestigkeit und Kraft, es auch durchzusetzen. Wir sind dann auf dem richtigen Weg, wenn wir mit dem Göttlichen Willen übereinstimmen.

(KARMA-EBENE) **Selbst-Überforderung**

Schnittpunkt zwischen Würde der Seele und Entfremdung. Der Drang, sich ständig zu überfordern, ist ein Zeichen für mangelndes Selbstwertgefühl. Die Bedürfnisse der eigenen Seele werden nicht wahrgenommen und dadurch entsteht Entfremdung.

(MATERIE-EBENE) **Tüchtigkeit**

Schnittpunkt zwischen Arbeit und Beharrlichkeit. Haben wir in unserer Arbeit viel Ausdauer, können wir uns verwirklichen und Großes leisten. Wir fühlen uns den Aufgaben gewachsen, weil wir viel kosmische Energie zu ihrer Verwirklichung erhalten. Diese kosmische Energie ist in allen Bereichen unseres Lebens umzusetzen.

(EINHEITS-EBENE) **Verinnerlichung**

Schnittpunkt zwischen Wirklichkeit und Zuversichtlichkeit. Die Spielregeln des Kosmos verinnerlichen, daß sie nicht nur abstraktes Gedankengut sind, sondern gelebte Wirklichkeit werden. Unsere Welt ist das Spiegelbild des Kosmos. Wir haben die Zuversicht, die höhere Wahrheit kosmischer Wirklichkeit zu verinnerlichen.

V. Der Hohepriester

(Das Außen)

(DU-EBENE) **Schönheit**

Schnittpunkt zwischen Harmonie und Anmut. Natürliche Schönheit unterstreichen: sich von Innen her schön finden und fühlen. Zur Erhaltung und Schönheit der Natur in der Welt beitragen. Auf die Harmonie von Formen und Farben achten. Bewußt auf das Schöne in der Welt schauen.

(ENERGIE-EBENE) **Autorität**

Schnittpunkt zwischen Selbstbewußtsein und Natürlichkeit. „Ich weiß, wer ich bin“ ist Ausdruck von Selbstbewußtsein. Autorität bedeutet Selbst-Darstellung. Je natürlicher wir uns in unserem Bewußtsein geben, desto mehr wird unsere Autorität anerkannt.

(GOTT-EBENE) **Sendungsbewußtsein**

Schnittpunkt zwischen Gesandt-Sein und Selbsthingabe. Jeder Mensch ist gesandt von Gott, seine Aufgabe zu erkennen und sie mit großer Hingabe zu erfüllen.

(ICH-EBENE) **Nächstenliebe**

Schnittpunkt zwischen Friede und Aufrichtigkeit. „Liebe Deinen Nächsten wie Dich Selbst“: Wir müssen zuallererst uns selbst lieben, um andere Menschen lieben zu können. Aufrichtige Liebe zu unserem Nächsten schafft Frieden in uns selbst.

(KARMA-EBENE) **Familie**

Schnittpunkt zwischen Verbundenheit und Einfluß. Den Einfluß der Familie wahrnehmen, der sehr stark sein kann und Kraft geben kann für die einzelnen Familienmitglieder. Die Familie ist der kleinste „Zellverbund“ im Kosmos und in schwierigen äußeren Zeiten zeigt sich immer wieder ihre innere Verbundenheit.

(MATERIE-EBENE) **Selbstbewußtsein**

Schnittpunkt zwischen Gott-Vater und Gott-Mutter. Selbstbewußtsein heißt, eine persönliche Gottbeziehung zu haben. Das Vater-Prinzip „Glauben“ und das Mutter-Prinzip „Liebe“ sind zu vereinigen. Wir sprechen den Glauben und die Liebe im Mitmenschen an durch den göttlichen Gruß: „Das Göttliche in mir grüßt das Göttliche in Dir.“

(EINHEITS-EBENE) **Geistheilung**

Schnittpunkt zwischen Bewußtsein und Glauben. Heilung durch Erkenntnis ist Heilung durch den Geist. Geistheilung ist praktizierter Glaube. Angewandte Geistheilung bewirkt eine Aktivierung des Glaubens im andern.

VI. Die Liebenden

(Das Leben)

(DU-EBENE) **Freundschaft**

Schnittpunkt zwischen Mitmenschlichkeit und Treue. Freunde zu haben bedeutet Freude zu haben. Des anderen Freund zu sein bedeutet, für ihn dazusein. Mut haben, sich offen zu begegnen. Vertrauen zueinander haben.

(ENERGIE-EBENE) **Erotische Liebe**

Schnittpunkt zwischen Seelenkraft und Zärtlichkeit. Erotik ist die Zärtlichkeit der Seele. Ausdruck erotischer Begegnung ist das Bedürfnis nach Hautkontakt.

(GOTT-EBENE) **Ehe**

Schnittpunkt zwischen Treue und Gemeinschaft. Gemeinsame Liebe von Mann und Frau als Göttliche Erfahrung. Treue zum Ehepartner ist Ausdruck der Treue zu mir selbst. Die übergeordnete Aufgabe erkennen.

(ICH-EBENE) **Sexualität**

Schnittpunkt zwischen Lebenskraft und Körper. Sexualität ist Lebenskraft. Lebenskraft ist notwendig zur Koordination der die Funktionen des Körpers. Sexualität als Bereicherung des eigenen Körperausdrucks und als Möglichkeit der Einheits-Erfahrung erfühlen.

(KARMA-EBENE) **Freiheit**

Schnittpunkt zwischen Hierarchie und Loslassen. Wir können und müssen loslassen, sind aber trotzdem nicht frei, weil wir immer eingebunden sind in eine größere Ordnung, in eine größere Hierarchie. Unsere Freiheit besteht darin, bewußt loszulassen von einer alten Entwicklungsstufe, um uns auf der nächsten höheren Stufe der Entwicklungsspirale wieder zu integrieren.

(MATERIE-EBENE) **Vollkommenheit**

Schnittpunkt zwischen ewigem Leben und Bewußtsein. In der Ewigkeit liegt Vollkommenheit. Unser Selbst ist ein Abbild Göttlicher Vollkommenheit. Diese Leben und das ewige Leben lieben. Das Tor zum ewigen Leben ist die Vollkommenheit des Bewußtseins. Der Weg dorthin ist das Leben.

(EINHEITS-EBENE) **Mutter-Liebe**

Schnittpunkt zwischen Hingabe und Geben. Mutter-Liebe als Ausdrucksmöglichkeit vollkommener Hingabe. Ein Kind zu lieben, heißt: geben, geben, geben. Mutter zu sein, heißt für die seelisch-geistige und körperliche Entwicklung des Kindes zu sorgen. Das Matriarchat kennt das Bewußtsein von der natürlichen Überlegenheit der Frau.

VII. Der Wagen

(Die Entscheidung)

(DU-EBENE) **Jenseits**

Schnittpunkt zwischen Unfaßbarem und Intellekt. Das Unfaßbare mit dem Intellekt erfassen wollen oder es ablehnen. Das Unerklärliche erklären wollen. An das Metaphysische erst dann glauben können, wenn es naturwissenschaftlich nachgewiesen ist.

(ENERGIE-EBENE) **Lebens-Entscheidung**

Schnittpunkt zwischen Vorempfängnis und pränataler Phase. Die wichtigsten Lebensentscheidungen für diese Inkarnation werden in der Zeit vor der Empfängnis getroffen. Während der pränatalen Phase haben wir nochmals eine wesentliche Entscheidung zu treffen: ob unsere Seele den physischen Körper annehmen will oder nicht. Wie die Seele ihn angenommen hat, entscheidet über unser Lebensgefühl.

(GOTT-EBENE) **Selbst-Identität**

Schnittpunkt zwischen *Sein* und Einheit. Die Liebe hat sich auf unser ganzes *Sein* zu erstrecken, also auch auf den metaphysischen Teil. Sind Körper, Geist und Seele in Einheit, so haben wir das Gefühl von Selbst-Identität.

(ICH-EBENE) **Handeln**

Schnittpunkt zwischen Wachstum und Gewahrsein. Durch Handlungen können wir wachsen und uns entwickeln. Die Art der Handlung wird beeinflußt durch Gewahrsamkeit unserer Gedanken. Unsere geistigen Erkenntnisse sind in die Tat umzusetzen.

(KARMA-EBENE) **Hindernisse**

Schnittpunkt zwischen Herausforderung und Zweifel. Viele hadern mit ihrem Leben und zweifeln deshalb ständig am Lebenssinn. Dieser grundsätzliche Protest gegen das Leben verursacht immer wieder Entscheidungsschwächen. Durch den Zweifel entstehen notwendigerweise Herausforderungen, die wir als Hindernisse empfinden.

(MATERIE-EBENE) **Normen**

Schnittpunkt zwischen Gedankenbildern und Vorstellungen. Wir haben jegliche Gedankenfreiheit, doch sind wir für jedes daraus entstehende „Bild" verantwortlich. Die Welt ist Spiegelbild unserer Gedanken. Normen helfen uns, unsere Gedanken zu ordnen und das Leben zu erleichtern. Unsere negativen Einstellungen über Normen wirken wie Programme, die uns hindern, uns sinnvoll einzuordnen.

(EINHEITS-EBENE) **Paradoxien**

Schnittpunkt zwischen Sehnsucht und Ablehnung. Wir erleben oft das Gegenteil von dem, was wir möchten. Geschieht dies, lehnen wir unbewußt genau das ab, wonach wir uns am meisten sehnen. Dies ist als Paradoxie in uns gespeichert.

VIII. Die Kraft

(Das Unterbewußtsein)

(DU-EBENE) **Ego**

Schnittpunkt zwischen Sterben und Angst. Wäre das Ego überflüssig, gäbe es das Ego nicht. Wir können ohne es nicht leben. Die Angst vor dem Sterben kommt daher, und genau diese Angst gilt es zu überwinden. Je stärker das Ego eines Menschen nach außen tritt, desto größer ist seine Angst vor dem Sterben.

(ENERGIE-EBENE) **Allwissenheit**

Schnittpunkt zwischen Höherem Selbst und Unterbewußtsein. Wir können keinen Zugang zu unserem Höheren Selbst finden, wenn wir keinen Zugang zu unserem Unterbewußtsein haben. Über das Unterbewußtsein kommen wir an die Quelle unseres Allwissens heran.

(GOTT-EBENE) **Selbstüberwindung**

Schnittpunkt zwischen Programm und Fortschritt. Sich Selbst überwinden heißt, das zu tun, was man vorher nicht für möglich hielt: Unsere unbrauchbaren Programme, Ängste und Verhaltensweisen, sind zu löschen. Sie sind durch neue kosmische Wahrheiten zu ersetzen, die es uns ermöglichen, auf unserem Weg fortzuschreiten.

(ICH-EBENE) **Selbst-Besinnung**

Schnittpunkt zwischen Kraft und Erinnerung. Wir besinnen uns auf das, was an Kraft in uns steckt, an Werten, an Können, an Möglichkeiten. Aus uns selbst schöpfen wir die Kraft und die Gelassenheit, um Vergangenes zu überwinden.

(KARMA-EBENE) **Selbst-Beherrschung**

Schnittpunkt zwischen Überwindung und Abhängigkeit. Selbst-Beherrschung können wir üben, wenn wir etwas über unsere unbewußten Triebe wissen: Machen wir sie uns bewußt, können wir sie akzeptieren und sie überwinden. Der Ausgleich zwischen männlicher und weiblicher Energie in uns selbst ist zu beherrschen, um zu unserem eigenen Geschlecht zu finden. Abhängigkeiten sind zu überwinden, indem wir uns beherrschen.

(MATERIE-EBENE) **Vitalität**

Schnittpunkt zwischen Innen und Außen. Sich an das Höhere Selbst anschließen und kosmische Energien fließen lassen. Vitalität ist in dem Maße vorhanden, wie Innen und Außen identisch sind. Vorhandene innere Kraft fließen lassen, damit sie auch nach Außen wirksam werden kann.

(EINHEITS-EBENE) **Fülle**

Schnittpunkt zwischen Gnade und Offenheit. Wir können der ganzen kosmischen Fülle erst habhaft werden, wenn wir offen und bereit sind, die göttliche Liebe und Gnade anzunehmen.

IX. DER EREMIT

(Das Innen)

(DU-EBENE) **Toleranz**

Schnittpunkt zwischen Verständnis und Anteilnahme. Andere Meinungen gelten lassen. Über das Du sich selbst erfahren. Die Entwicklungsmöglichkeit des Mitmenschen berücksichtigen, ihm genügend Zeit und Raum geben und ihm Verständnis entgegenbringen. Mit sich selbst und anderen geduldig umgehen, Anteilnahme zeigen.

(ENERGIE-EBENE) **Reinigung**

Schnittpunkt zwischen Erneuerung und Selbstsucht. Die Reinigung von negativen Gedanken ist sozusagen mentale Gedankenhygiene. Durch negative, selbstsüchtige Gedanken sind wir in Verwirrung geraten und dazu bedarf es einer Erneuerung durch innere Reinigung; so gelangen wir zu einer positiven Einstellung zu unserem Selbst.

(GOTT-EBENE) **Körper als Tempel Gottes**

Schnittpunkt zwischen Zellbewußtsein und Krankheit. Wir denken, daß unsere Seele den Körper ablehnt, weil er „unrein" ist. Wir haben unseren Körper zu lieben, damit wir Gott dienen können. Unser Körper ist Abbild der metaphysischen Welt. Auch wenn der Körper durch Krankheit „unrein“ wird, bleibt doch die Seele rein. Damit sich unsere Seele wohlfühlen kann, ist ein ständiger Gesundungsprozeß erforderlich.

(ICH-EBENE) **Selbst-Beschränkung**

Schnittpunkt zwischen Lebensvielfalt und Minderwertigkeitskomplexen. Wir schränken uns in unserem Aktionsradius, das heißt in unserer Lebensvielfalt ein. Wir möchten uns entwickeln und doch hindern uns unsere Minderwertigkeitskomplexe daran: Was Du bist, willst Du nicht sein. Was Du sein kannst, willst Du nicht glauben. Was Du glaubst, willst Du nicht haben. Was Du hast, willst Du nicht annehmen.

(KARMA-EBENE) **Entwicklung**

Schnittpunkt zwischen Höherem Bewußtsein und Erkenntnis. Geist und Seele entfalten sich durch höhere Erkenntnisse. Diese Erkenntnisprozesse führen zu höherem Bewußtsein. Durch höheres Bewußtsein entwickeln wir uns zur Einheit von Körper, Geist und Seele.

(EINHEITS-EBENE) **Reife**

Schnittpunkt zwischen bewußtem Sterben und bewußtem Leben. Das Ziel des Lebens ist es, bewußt zu sterben. Haben wir uns dieses „bewußte Sterben“ zum Lebensziel gemacht, können wir uns auch unser Leben bewußt machen und jeden Augenblick wieder neu geboren werden.

(MATERIE-EBENE) **Konzentration**

Schnittpunkt zwischen Wesentlichem und Aufmerksamkeit. Konzentration gibt uns die Fähigkeit zu lernen. Wir können gut lernen, wenn wir unsere Aufmerksamkeit auf das Wesentliche richten. Für jeden Menschen kann das etwas anderes sein.

X. Das Rad des Schicksals

(Die Materie)

(DU-EBENE) **Wiederholung**

Schnittpunkt zwischen Erfahrungen und Konsequenz. Wir erleben ähnliche Situationen mit verschiedenen Menschen immer wieder. Wir lernen aus diesen Situationen. Wir verstehen die Polarität von Ereignissen, indem wir uns das Positive und das Negative anschauen. Wir vermeiden Wiederholungen, wenn wir uns fragen: Wozu ist diese Situation gut für uns?

(ENERGIE-EBENE) **Wiederkehr**

Schnittpunkt zwischen Evolution und spiralförmiger Entwicklung. Die Evolution des Menschen ist möglich durch die ewige Wiederkehr. Ein Schöpfungsprozeß von unendlicher Dauer – unsere Entwicklung verläuft nicht linear, sondern vollzieht sich evolutionär spiralförmig. Wenn wir bereit sind zu lernen, verlagern sich die Erkenntnisebenen gleicher Situationen auf höhere Ebenen. Ansonsten gibt es Rückschritte in unserer Entwicklung und alte Probleme kehren in ähnlicher Weise wieder.

(GOTT-EBENE) **Verehrung**

Schnittpunkt zwischen Demut und Hingabe. Laotse spricht: „Es ist erreichbar, aber nicht sichtbar, spürbar, aber nicht denkbar, intuitiv begreifbar, aber nicht erklärbar. Erahnbar, aber nicht erfaßbar". Gott in tiefer Demut verehren – als ständig uns begleitendes Bewußtsein.

(ICH-EBENE) **Loslassen**

Schnittpunkt zwischen Lebensfreude und Verlust. Loslassen hinterläßt Freude, Nicht- Loslassen-Können verursacht inneren Schmerz, verbunden mit dem Gefühl des Verlustes. In dem Wort Verlust steckt das Wort Lust, deren man verlustig wird. Schmerz verliert sich in dem Maße, wie wir von fremden Ideen, Entscheidungszwängen, Vorstellungen, Beeinflussungen und Illusionen loslassen können.

(KARMA-EBENE) **Selbst-Akzeptanz**

Schnittpunkt zwischen Einsicht und Notwendigkeit. Es ist eine absolute Notwendigkeit, einzusehen, daß wir uns zu akzeptieren haben – so wie wir sind. Das gibt viel Lebensenergie und aus dieser Einsicht heraus können wir dann geben.

(MATERIE-EBENE) **Leidenschaft**

Schnittpunkt zwischen Energie und Emotionen. Leidenschaft ist die emotionale Energie, die Leiden schafft. Wir identifizieren uns zu stark mit unseren Emotionen und können dann mit den hervorbrechenden Energien nicht umgehen; sie sind falsch gepolt.

(EINHEITS-EBENE) **Wahrnehmung**

Schnittpunkt zwischen Fühlen und Enthüllung. Bewußt leben heißt: hinzufühlen, um so neue Enthüllungen über uns und unsere Mitmenschen zu erfahren. Wir fühlen die Ausstrahlung eines Menschen, und seine Seele enthüllt sich unserer Wahrnehmung. Wir spüren seinen Energiefluß oder seine Hemmungen.

XI. Die Gerechtigkeit

(Die Realität)

(DU-EBENE) **Barmherzigkeit**

Schnittpunkt zwischen Nächstenliebe und Herzenswärme. Erbarmen haben mit dem Leid der Mitmenschen, ohne aber selbst mitzuleiden. Barmherzig sein heißt: Gütig sein und Nächstenliebe üben. Dem Nächsten Herzenswärme entgegenbringen, so spürt er meine Liebe und ich spüre seine Liebe.

(ENERGIE-EBENE) **Selbst-Identifikation**

Schnittpunkt zwischen Selbstwertgefühl und Freude. Durch ein gesundes Selbstwertgefühl haben wir Freude am Leben. Wir sind uns unseres Wertes bewußt. Unseren Wert schöpfen wir aus dem Bewußtsein: Ich bin identisch mit dem Göttlichen.

(GOTT-EBENE) **Gewissen**

Schnittpunkt zwischen Schuldgefühlen und Unrecht. Unrecht schafft Schuldgefühle. Tun wir Unrecht, haben wir berechtigte Schuldgefühle; doch meist plagen wir uns mit unberechtigten

Schuldgefühlen herum, und belasten damit unser Gewissen. Ohne weiteres können wir uns davon nicht befreien, sondern müssen es einer noch höheren Instanz überantworten.

(ICH-EBENE) **Weltfrieden**

Schnittpunkt zwischen Wirklichkeit und Realität. Wir können keinen Frieden in der Welt erwarten, wenn wir in uns keinen Frieden haben; wir können die Welt nicht verändern, wenn wir uns selbst nicht verändern wollen. Nur jeder Einzelne kann seine Realität verändern. Das ergibt eine neue Wirklichkeit.

(KARMA-EBENE) **Gottverlassenheit**

Schnittpunkt zwischen Alleinsein und Freiheit. Wir haben die große Freiheit, nach unserem Willen zu handeln. Wir haben auch die Freiheit, gegen uns selbst zu sein und dann zu glauben, Gott hätte uns verlassen. Wir selbst sind diejenigen, die sich vom Göttlichen abkehren und dies dann als Alleinsein empfinden.

(MATERIE-EBENE) **Sühne**

Schnittpunkt zwischen Gewissenlosigkeit und Rache. Sühnen kann man nur für begangenes Unrecht aus früheren Inkarnationen. Dieses als Programm im Unterbewußtsein gespeicherte Unrecht empfinden wir heute als Unrecht uns selbst gegenüber. Täter und Opfer werden verwechselt.

(EINHEITS-EBENE) **Wahrheit**

Schnittpunkt zwischen Vergangenheit und Gegenwart. Betrachten wir nur die Gegenwart, sehen wir nur einen Teil der Wahrheit; kennen wir die Vergangenheit, sehen wir einen zweiten Teil der Wahrheit; die ganze Wahrheit sehen wir erst, wenn wir sie mit den Augen der Liebe Gottes sehen und erfassen.

XII. Der Gehängte

(Das L-ICH-T)

(DU-EBENE) **Probleme**

Schnittpunkt zwischen Lösung und Entscheidung. Die Lösung unserer Probleme liegt in uns. Wir befreien uns von falschen Entscheidungen, indem wir sie als falsch erkennen. Wir lassen los von negativen Vorstellungen über Menschen. Wir lassen los von Bewertungen. Probleme halten viele Energien in uns gebunden und hindern uns am Handeln. Wir entscheiden uns jetzt, da wir die Lösung bereits wissen.

(ENERGIE-EBENE) **Selbst-Erfahrung**

Schnittpunkt zwischen Erleben und Bereitschaft. Kennen wir eine Situation vom Hören-Sagen und haben sie nicht selbst erlebt, beziehungsweise gefühlsmäßig erfahren, steht sie uns als Erfahrung nicht zur Verfügung. Aus eigenen Erfahrungen aber lernen wir. Um in die Selbst-Erfahrung zu gehen, bedarf es einer großen inneren Bereitschaft und den Mut, bei auftauchenden Schwierigkeiten weiterzugehen und sich nicht an alte Erfahrungen zu klammern.

(GOTT-EBENE) **Erleuchtung**

Schnittpunkt zwischen ICH und mentaler Neugeburt. Erleuchtung ist die Neugeburt auf einer höheren Ebene. Der Erleuchtung geht der Tod voraus: Der Tod all dessen, was nicht zu unserem *Selbst* gehört. Wir können bewußt den „Reinigungs-Weg" unseres *Selbstes* gehen.

(ICH-EBENE) **Polarität**

Schnittpunkt zwischen Materie und Spannungsfeld. Im Spannungsfeld von Plus und Minus, Oben und Unten, Gut und Böse, Tag und Nacht, Mann und Frau, spielt sich unser ganzes Leben ab. Polarität gibt es nur auf der physischen Ebene. Geist und Seele sind frei von Polaritäten. „Erleuchtung" erfahren wir im Akzeptieren der Pole.

(KARMA-EBENE) **Umkehrung der Werte**

Schnittpunkt zwischen Integration und Gehirn. „Liebe", „Güte", „Vertrauen" sind in der rechten, „Krieg", „Verbrechen", „Gewalt" in der linken Gehirnhälfte gespeichert. Umkehrung der Werte bedeutet eine Desintegration der Gehirnhälften und somit der dort gespeicherten Werte. Wir wollen das Gute und erleben das Gegenteil.

(MATERIE-EBENE) **Dankbarkeit**

Schnittpunkt zwischen Geben und Empfangen. Jeder empfängt seinen „Göttlichen Plan", bevor er auf die Erde kommt; in diesem Plan ist unser Lebensziel enthalten. Dieser Plan zeigt uns auch unseren Weg auf, denn das Ziel ist immer gleich: Einheit mit Gott. Dankbarkeit ist eine große Quelle der Kraft.

(EINHEITS-EBENE) **Prüfung**

Schnittpunkt zwischen Gott und Versuchung. Auf unserem geistigen Weg werden wir herausgefordert, der Versuchung zu widerstehen, vom *Licht* abzukommen. Im Wort L-ICH-T steckt das Wort ICH und bedeutet, unsere ICH-Identität zu wahren. Wir werden immer wieder herausgefordert, uns selbst treu zu bleiben.

XIII. Der Tod

(Die Seele)

(DU-EBENE) **Vergebung**

Schnittpunkt zwischen Liebe und Befreiung. Vergebung ist der Schlüssel zum Mitmenschen. Selbstvergebung ist der Schlüssel zum eigenen Glück. Vergebung ist Ausdruck großer seelischer Liebe und befreit uns sehr.

(ENERGIE-EBENE) **Transformationskraft**

Schnittpunkt zwischen Seligkeit und Erneuerung. Die Liebe Gottes transformiert. Das Tor zur Seligkeit ist Erkenntnis: Gott liebt mich. Die Transformationskraft der Liebe schafft Erneuerung auf allen Ebenen. Wir dürfen diese Liebe annehmen.

(GOTT-EBENE) **Erneuerung**

Schnittpunkt zwischen Tod und Geburt. Sterben und Geborenwerden unterliegen dem kosmischen Gesetz: Alles wandelt sich. Alles unterliegt einem Rhythmus von Zunahme und Abnahme, von Werden und Vergehen. Wir erneuern uns durch ständigen Wandel.

Erneuerung heißt, sich der Gegenwart bewußt zu sein, daß sie jeden Moment wieder neu geboren wird.

(ICH-EBENE) **Verurteilung**

Schnittpunkt zwischen Negativität und Anmaßung. Verurteilen ist die negative Kraft der Anmaßung. Die Folge: wer das bewußt tut, schließt sich von der Gnade Gottes aus. Hoffnung gibt es über die Vergebung. Die Auswirkung zeigt sich als physische Krankheit oder als Krankheit der Seele in Form von Depressionen. Verurteilen wir andere, ist das immer ein Urteil über mich selbst.

(KARMA-EBENE) **Körper-Bewußtsein**

Schnittpunkt zwischen Identifikation und Verantwortung. Wir haben eine bewußte Verantwortung für unseren physischen Körper zu tragen. Wir haben dafür Sorge zu tragen, daß dieser gesund wird und bleibt. Die Identifikation mit dem Körper fördert unsere *Selbst*-Identifikation.

(MATERIE-EBENE) **Hunger**

Schnittpunkt zwischen Abweisung und Augenblicksbedürfnis. Warum hungert die Seele, der Geist, der Körper? Sie fühlen sich abgewiesen und möchten doch augenblicklich befriedigt werden: Ich bin zu dick – Hunger nach Liebe; ich bin zu verschlossen – Hunger nach menschlichem Kontakt; ich bin zu dumm – Hunger nach Anerkennung; ich bin krank – Hunger nach Einheit; ich bin nichts wert – Hunger nach Lebensstoff. Alles Blockaden. Der Mensch sehnt sich nach Erlösung und meint irrtümlich, diese nur durch den physischen Tod erreichen zu können. Nur die Göttliche Gegenwart zählt.

(EINHEITS-EBENE) **Verwirklichung**

Schnittpunkt zwischen Energiepotential und Körper. Unsere Fähigkeiten sind das Energiepotential. Durch unseren Geist erhalten wir die Kraft zum Glauben, durch die Seele die Kraft zur Liebe und durch den Körper die Energie, dieses Potential zu verwirklichen.

XIV.
Die Ausgeglichenheit

(Der Selbstwert)

(DU-EBENE) **Hochachtung**

Schnittpunkt zwischen Innen-Schau und Anerkennung. Geben wir einem Menschen Anerkennung, so geben wir ihm damit zu verstehen, daß wir sein Inneres achten und schätzen. Bringen wir dem anderen Ehrfurcht entgegen, läßt er uns in sein Inneres schauen und wir erkennen in ihm als Spiegel uns selbst.

(ENERGIE-EBENE) **Harmonie**

Schnittpunkt zwischen Vollendung und Unzulänglichkeit. Wir sehnen uns nach unserer Vollendung und sehen dabei oft nur auf unsere Unzulänglichkeiten, mit denen wir uns einreden, daß diese nicht möglich sei. Die Harmonie der Schöpfung ist bereits da, während wir sie uns erst bewußt machen müssen.

(GOTT-EBENE) **Universum**

Schnittpunkt zwischen kosmischer Energie und Verbindung. Die Quelle ist kosmische, feinstoffliche Energie. Der Körper verbindet sich mit ihr und leitet diese Energien zur Förderung unseres Lebens an alle Zellen weiter. Die feinstofflichen Verbindungen zum Universum sind die Chakren. Die Chakren transformieren diese Energie, damit wir immer näher an die Quelle unseres Lebens kommen.

(ICH-EBENE) **Stabilität**

Schnittpunkt zwischen Zentrum und Ausdauer. Aus seinem Zentrum heraus leben. Ausgeglichen sein, weil innerlich unerschütterlich. Unser Ziel zu kennen, und ihm mit Ausdauer näherzukommen, gibt uns Stabilität.

(KARMA-EBENE) **Menschlichkeit**

Schnittpunkt zwischen Wahrheit und Mitgefühl. Jeder Mensch lebt seine Wahrheit, und Menschlichkeit drückt sich darin aus, diese individuelle Wahrheit im Mitmenschen wahrzunehmen und sich darauf einzustellen. Mitgefühl dem anderen gegenüber zu haben, ist Menschlichkeit.

(MATERIE-EBENE) **Rhythmus**

Schnittpunkt zwischen Gleichmäßigkeit und Veränderung. Im gleichmäßigen Rhythmus zu leben, gibt uns viel innere Kraft. Der Rhythmus des Universums, den wir in uns integrieren sollten, spiegelt sich in unserem eigenen Lebensrhythmus, im Tagesrhythmus und Jahresrhythmus, wider und gibt uns somit inneren Halt zur laufenden Veränderung.

(EINHEITS-EBENE) **Erfüllung**

Schnittpunkt zwischen Vorsehung und Lebensalter. Die Erfüllung der Lebensaufgabe hängt davon ab, ob und wann wir uns dem Göttlichen öffnen. Von dem Zeitpunkt der inneren Öffnung an nehmen wir die Göttliche Vorsehung wahr und erreichen das Alter, das zur Erfüllung notwendig ist. Wie alt wir zu diesem Zeitpunkt sind, entscheidet über die Erfüllung der Vorsehung.

XV. Der Teufel

(Die Hörigkeit)

(DU-EBENE) **Fassade**

Schnittpunkt zwischen Vortäuschung und starrem Selbstbildnis. Wir neigen dazu, unsere Fassade auf andere Menschen zu projizieren und halten uns selbst in einem starren Selbstbildnis gefangen. Die Fassade ist unser eigentlicher Gefängniswärter, der wir nicht entfliehen können und die uns unglücklich macht.

(ENERGIE-EBENE) **Autosuggestion**

Schnittpunkt zwischen Einbildung und Veränderung. Wir reden uns ein, andere Menschen seinen zum Beispiel mißtrauisch, unehrlich oder aggressiv. In der Wiederholung wirkt es autosuggestiv und letztlich sind wir dann voller Mißtrauen, Aggressivität und so weiter. Unser eigenes Selbstbild wird dadurch verändert.

(GOTT-EBENE) **Idol**

Schnittpunkt zwischen Fremdautorität und Führer. Man glaubt an eine andere Autorität als Gott. Idole sind falsche Autoritäten, die uns selbst entfremden. Es können auch religiöse oder politische Führer sein oder Idealvorstellungen. Idealisierungen sind kompensierte Proteste.

(ICH-EBENE) **Abhängigkeiten**

Schnittpunkt zwischen Zwang und Hörigkeit. Seelisch-geistige Entwicklung wird behindert durch pervertierte Abhängigkeiten von Machtstrukturen, von inneren Zwängen, von Zigaretten, Alkohol, Drogen, Sex oder Süßigkeiten. Man wird hörig aufgrund mangelnder eigener Identität. Partner begeben sich in bewußte sexuelle Abhängigkeiten und können diesen Leidensdruck nicht einmal wahrnehmen.

(KARMA-EBENE) **Befehle**

Schnittpunkt zwischen Obrigkeit und Gehorsam. Befehle der „Obrigkeit“ bringen uns oft in den Konflikt zwischen Gehorsamkeit und Gewissen. In dem Wort Befehl steckt das Wort „fehl“, also es fehlt etwas, nämlich der kosmische Bezug. Je weniger kosmische Zusammenhänge verstanden werden, desto mehr erwarten wir Gehorsamkeit.

(MATERIE-EBENE) **Gewalt**

Schnittpunkt zwischen Selbsthaß und Aggressionen. Selbsthaß ist die Ursache für unsere Aggressionen, die sich nach Außen richten als Wut und nach Innen als Depressionen. Beides entlädt sich als Gewalt. Der Ursprung von Gewalt liegt in uns.

(EINHEITS-EBENE) **Versuchung**

Schnittpunkt zwischen Teufel und Prüfung. Jeder Mensch wird auf seinem spirituellen Weg in Versuchung „geführt“, jeder da, wo er am meisten dran „hängt“. Und es sind immer drei ganz individuelle Versuchungen. Nach Überwindung dieser drei Herausforderungen beginnt der eigentliche Weg.

XVI. Der Turm

(Die Auflösung)

(DU-EBENE) **Dramatisierung**

Schnittpunkt zwischen Selbstbezogenheit und Erregung. Aus Mangel an Einsicht neigen wir zum Dramatisieren und dies führt zu Übertreibungen auf allen Ebenen. Untertreibungen sind auch eine Form der Dramatisierung. Auslöser dafür ist eine zu starke negative Selbstbezogenheit, die uns in Erregung bringt.

(ENERGIE-EBENE) **Selbst-Aufgabe**

Schnittpunkt zwischen Sinn und Flucht. Unser Selbst hat eine bestimmte Aufgabe und mit dieser seinen Sinn in diesem Leben zu erfüllen. Wir lehnen unbewußt gerade diese Aufgabe ab und flüchten uns in eine uns nicht gemäße Lebenssituation.

(GOTT-EBENE) **Abgrenzung**

Schnittpunkt zwischen Eigenverantwortung und Mitleid. Erkennen, wie weit wir helfen dürfen und wo die Eigenverantwortung des anderen beginnt. Das weitverbreitete Mitleid hilft nur, das Leiden zu verstärken. Sich selbst abzugrenzen, verstärkt das eigene Leid. Die Lösung ist, sich mehr und mehr zu öffnen, um für alle Schwingungen durchlässiger zu werden.

(ICH-EBENE) **Exzessiver Raubbau**

Schnittpunkt zwischen Demütigung und Frustration. Den Körper negieren, ihn aber bis zur Erschöpfung überfordern. Die Leugnung des Körpers zeigt sich als Nervenzusammenbruch, Schwäche, Sucht, akute Krankheit oder als Energieverlust. Auf die Signale unseres Körpers achten, um einer eventuellen Demütigung auszuweichen.

(KARMA-EBENE) **Destruktivität**

Schnittpunkt zwischen Zerstörung und Fremd-Identität. Destruktivität heißt, unsere innerste Struktur ist gestört. Die Zerstörung ist nicht nur gegen uns selbst, sondern auch gegen andere gerichtet. Sie zeigt sich „draußen in der Welt" als Gewalt in jeder Form.

(MATERIE-EBENE) **Selbst-Zerstörung**

Schnittpunkt zwischen Abkehr und Verzweiflung. Wir fühlen uns von Gott abgelehnt und sind daher verzweifelt, und versuchen uns zu verteidigen. Ohne Gott können wir nicht sein. Die Abkehr zeigt sich als Abwehr. Wehren wir uns gegen andere Menschen, wehren wir uns auch gegen Gott, denn jeder Mensch ist göttlich. Wehren wir uns gegen uns selbst, ist das Selbstzerstörung. Es gibt den Weg der Umkehr: wir können ihn jetzt gehen.

(EINHEITS-EBENE) **Sterben**

Schnittpunkt zwischen Auferstehung und Wandlung. Sterben ist die Kraft, die eine völlige Wandlung bewirkt und uns auf einer neuen Ebene erstehen läßt. Wir müssen jede Minute bereit sein, alte Vorstellungen aufzugeben, um daraus gewandelt, sozusagen neu geboren, hervorzugehen. Alles bleibt nur solange erhalten, bis der kosmisch richtige Zeitpunkt zur Wandlung gekommen ist.

XVII. Der Stern

(Der Kosmos)

(DU-EBENE) **Charakter-Eigenschaften**

Schnittpunkt zwischen innerem Bemühen und Persönlichkeit. Gute Charaktereigenschaften werden von dem Zeitpunkt an geprägt, wo wir dem Göttlichen begegnen. Wir können Liebe, Vertrauen, Güte, Zärtlichkeit nur geben, wenn wir auch bereit sind, sie anzunehmen. Unerläßliches inneres Bemühen ist der innere Führer auf dem Weg zu einer wirklichen Persönlichkeit.

(ENERGIE-EBENE) **Selbst-Vertrauen**

Schnittpunkt zwischen Innerer Führung und Fügung. Unsere innere Gewißheit, daß sich alles richtig fügt, daß wir richtig geführt werden, ist Ausdruck von Gottvertrauen. Wir haben Vertrauen in die kosmischen Gesetzmäßigkeiten und damit Vertrauen zu uns selbst.

(GOTT-EBENE) **Unendlichkeit**

Schnittpunkt zwischen Ewigkeit und Mensch. Das All breitet sich ständig aus, und unser Bewußtsein auch. Der Mensch mit seinem

Bewußtsein nimmt die Unendlichkeit als Ewigkeit wahr. Im unendlichen Strom der Schöpfung können wir vorwärtsschauen und unsere Begrenztheit hinter uns lassen.

(ICH-EBENE) **Glauben**

Schnittpunkt zwischen Selbstwert und Selbsterfüllung. Der Glaube verschafft uns die Kraft zum Aufbau unseres Selbstwertes, der uns hilft, zu unserer Erfüllung zu gelangen. Wie aufrichtig unser Glauben ist, können wir am *Du* ablesen. So wie unser Verhältnis zum Mitmenschen ist, so ist unser Verhältnis zu Gott. Wie fest unser Glauben ist, können wir daran ablesen, wie sehr wir an uns selbst glauben.

(KARMA-EBENE) **Hoffnung**

Schnittpunkt zwischen Antriebskraft und Erwartung. Hoffnung ist die Antriebskraft zur Veränderung. Wir erwarten das Gute. Im Wort Hoffnung steckt Öffnung: Wir öffnen uns voller Erwartung dem Guten. Hoffnung ist die Kraft, die überwindet; sie ist die Kraft, die Unmögliches möglich macht.

(MATERIE-EBENE) **Güte**

Schnittpunkt zwischen Weisheit und Entwicklung. Gütig sein heißt, weise mit der Wahrheit umzugehen. Vor allem in der Seele liegt die Entwicklung. Gütig sind wir, wenn wir beides leben können: Das Christus-Prinzip „Liebe“ und das Gottes-Prinzip „Vollkommenheit“.

(EINHEITS-EBENE) **Selbst-Heilung**

Schnittpunkt zwischen Ansprache und Geduld. Erst beide Kräfte, die Kraft der Seele und die Kraft des Geistes machen eine Selbstheilung möglich. Andere Menschen, speziell Geistheiler können helfen, diese Kräfte in uns zu aktivieren, damit eine Heilung von Körper, Geist und Seele möglich ist. Die Selbstheilungskräfte im Menschen müssen bewußt angesprochen werden.

XVIII. Der Mond

(Das Archaische)

(DU-EBENE) **Eros**

Schnittpunkt zwischen Idealisierung und Sexualität. Eros drückt eine bestimmte Einstellung zur Sexualität aus: Die vergeistigte Sexualität. Die idealisierte Sexualität ist die Kompensation eines unbewußten Protestes dagegen.

(Energie-Ebene) **Kollektives Unbewußtes**

Schnittpunkt zwischen Ur-Bildern und Determination. Durch unser Unbewußtes sind wir miteinander kollektiv verbunden und werden von diesen Energien und Vorstellungen sehr geprägt. Diese Ur-Bilder wie Vater, Mutter, Engel, Sexualität und so weiter, machen einen großen Teil unserer geistigen Blockaden aus, die uns bestimmen.

(GOTT-EBENE) **Ahnungen**

Schnittpunkt zwischen Zukunft und Prophezeihung. Ahnungen sind Ausdruck von außersinnlichen Fähigkeiten. Die Bilder entstehen aus dem gegenwärtigen Energie-Niveau heraus. Gefahr droht, wenn diese Bilder als selbsterfüllende Prophezeihungen mißverstanden werden. Wir sind auf diese Zukunft nicht festgelegt, da wir heute das Energie-Niveau anheben können, indem wir bewußt ein positives Bild setzen.

(ICH-EBENE) **Aberglauben**

Schnittpunkt zwischen Gedankenformen und Wunder. Aberglauben sind schwarz-magische Aussagen, die auf wundersame Weise oft eintreffen. Je mehr Menschen bestimmte gleiche Gedanken in ihrer Vorstellung formen, desto eher treffen sie ein, weil kollektive Bilder eine große Verwirklichungskraft haben.

(KARMA-EBENE) **Verwandtschaft**

Schnittpunkt zwischen Ahnenreihe und Schicksal. Wir werden innerhalb unserer Ahnenreihe inkarniert. Alle Verwandten sind demnach inkarnierte Ahnen. Wenden wir uns gegen dieses Schicksal und lösen wir die Proteste gegen unsere Familie und Verwandschaft nicht auf, entfremden wir uns selbst.

(MATERIE-EBENE) **Idealisierung**

Schnittpunkt zwischen Mythos und Realität. Leben wir nicht in der Realität, werden wir geprägt von idealisierten Vorstellungen. Mythen und Märchen tragen zur Realitätsentfremdung bei, wenn sie unbewußt idealisiert werden. Idealisierungen nehmen uns das Selbstwertgefühl, da wir dem Ideal nie entsprechen können.

(EINHEITS-EBENE) **Irrationale Bilder**

Schnittpunkt zwischen unbewußten Ängsten und Phantasien. Unbewußte Ängste können durch die Phantasie irrational werden. Alpträume sind spezifische irrationale Bilder. Angst verzerrt die Realität. In der Realität zu leben, transformiert unsere angstvolle Erwartung von Irrationalem – und wir sehen wieder klar.

XIX. Die Sonne

(Gott)

(DU-EBENE) **Herzenswärme**

Schnittpunkt zwischen Güte und Einklang. Das Herz ist das Zentrum des Menschen, so wie die Sonne das Zentrum unseres Sonnensystems ist. Es schöpft aus dem Rhythmus des Universums. Sind wir voller Güte für das Universum, sind wir an die Schöpfungskraft angeschlossen und können unsere Herzenswärme an andere weitergeben. Dann sind wir dort im Einklang, wo die Energien hinfließen.

(ENERGIE-EBENE) **Göttliches Bewußtsein**

Schnittpunkt zwischen Absolutheit und Erkennen. Göttliches Bewußtsein ist absolut. Erkennen wir Gott, sind wir eins mit dem Absoluten. Göttliches Bewußtsein gibt uns Selbst-Sicherheit. Im Auf und Ab der relativen Wahrheiten erkennen wir, was gut für uns ist.

(GOTT-EBENE) **Schöpfung**

Schnittpunkt zwischen Ehrfurcht und Kreativität. Achtung vor uns selbst läßt Ehrfurcht erst zu. Ehrfurcht vor der Kraft, die das Universum lenkt, die das Wachstum ermöglicht, vor der Anpassungsfähigkeit der Natur. Ehrfurcht vor dem großen Schöpfungswillen, der sich in der Kreativität des Menschen und seiner „zweiten Natur“, der Technik, ausdrückt.

(ICH-EBENE) **Kreativität**

Schnittpunkt zwischen Intuition und Assoziation. Der Mensch schöpft aus seiner Fähigkeit zum Assoziieren, eine neue Welt, eine Welt des Fortschritts. Kreativität ist die Erschaffung ständig neuer Ausdrucksformen des Lebens. Es ist die Flexibilität des Geistes, aus sich heraus ständige Erneuerungen zu formen. Wir dürfen und können im Leben nicht stehenbleiben, sondern müssen uns täglich selbst übertreffen, um unseren geistigen Weg zu gehen.

(KARMA-EBENE) **Einordnung**

Schnittpunkt zwischen Hierarchie und Gesetz. So wie wir in die hierarchischen Strukturen des Universums eingebunden sind, so haben wir uns auch in der Welt einzuordnen und in unsere innere Ordnung. Diese Ein-Ordnung entspricht der kosmischen Ordnung.

(MATERIE-EBENE) **Hierarchie**

Schnittpunkt zwischen Ordnung und Schutz. Das Göttliches Prinzip zieht sich durch alle hierarchischen Strukturen und durch alle Ebenen. Nehmen wir unseren vorgesehenen Platz ein, genießen wir den Schutz Gottes. Hierarchie ist Ordnung, und Ordnung ist ein kosmisches Gesetz.

(EINHEITS-EBENE) **Ursprung**

Schnittpunkt zwischen Geist und Ursache. Die Ursachen, nach denen wir forschen, sind im Geist zu finden. Der Geist führt uns bis zum Ursprung zurück. Der Ursprung ist Gott.

XX.
Das Jüngste Gericht

(Das Karma)

(DU-EBENE) **Schuldgefühle**

Schnittpunkt zwischen Entfaltung und Mißachtung. Wir machen uns bewußt oder unbewußt berechtigte oder unberechtigte Schuldgefühle und müssen dadurch auf die Entfaltung der Lebensfreude verzichten. Wir können von Schuldgefühlen erlöst werden durch Selbstvergebung und durch göttliche Vergebung.

(ENERGIE-EBENE) **Widerstand**

Schnittpunkt zwischen Protest und Eigensinnigkeit. Wir leisten Widerstand gegen die Familie, die Nachbarn, den Chef, gegen Staat oder die Nation – es ist letztlich der Widerstand gegen uns selbst. Haben wir die kosmischen Gesetzmässigkeiten erkannt, brauchen wir mit unserem Protest nicht mehr nach Außen zu gehen.

(GOTT-EBENE) **Gnade**

Schnittpunkt zwischen Karma und Schnittpunkten. Karma ist die Summe aller Schnittpunkte. Können wir unser Karma nicht annehmen, so können wir auch die göttliche Gnade und die göttliche Liebe nicht annehmen. Es ist Gnade, die Schnittpunkte zu leben.

(ICH-EBENE) **Verurteilung**

Schnittpunkt zwischen Ungnade und Beschuldigung. Wir sind unser eigener Staatsanwalt, unser eigener Angeklagter, Richter, Verteidiger und sprechen auch das Urteil über uns selbst. Richten wir uns selbst, richten wir auch über andere. Verurteilen wir uns selbst, verurteilen wir auch andere. Wir haben die Freiheit, unsere Selbst-Verurteilung aufzugeben.

(KARMA-EBENE) **Martyrium**

Schnittpunkt zwischen Leid und Opferhaltung. Martyrium heißt, sich aufzuopfern für eine Idee, für einen Menschen und daran zu leiden. Es versinnbildlicht eine Identifikation mit dem leidenden Jesus, dessen Schicksal man teilen will.

(MATERIE-EBENE) **Unterdrückung**

Schnittpunkt zwischen Macht und Eigeninteresse. Durch Eigeninteresse entsteht eine bestimmte Erwartungshaltung, unter der wir unter Druck geraten. Wir sollen etwas sein, was wir nicht sind. Wir sollen etwas leisten, was wir nicht können. Wir sollen etwas tun, was wir nicht dürfen. Wir sollen etwas denken, was wir nicht wollen.

(EINHEITS-EBENE) **Strafe**

Schnittpunkt zwischen Gesetz und Vorschrift. Es gibt die kosmischen und die menschlichen Gesetze. Beide haben wir einzuhalten, beide bieten Schutz. Verstoßen wir gegen die Gesetze – gegen menschliche oder kosmische – , werden wir bestraft. Halten wir die kosmischen Gesetze nicht ein, bestrafen wir uns selbst – beispielsweise durch Krankheit oder Depressionen.

XXI. Die Welt

(Die Existenz)

(DU-EBENE) **Rechtfertigung**

Schnittpunkt zwischen Liebesentzug und Perfektionismus. Wir möchten mit unserem Perfektionismus den Liebesentzug überspielen. Wir leben nicht selbstverständlich. Dauernd haben wir uns zu entschuldigen, daß wir nicht noch besser sind. Je stärker der Liebesentzug ist, desto größer ist unser Drang zum Perfektionismus und zur Rechtfertigung, denn die Ursache liegt in uns.

(ENERGIE-EBENE) **Interferenz-Aura**

Schnittpunkt zwischen Mensch und Übereinstimmung. Jeder Mensch, jeder Gegenstand, aber auch jede Stadt und jedes Land, haben eine Aura, mehrere feinstoffliche Körper um sich herum. Das höhere Leben spielt sich in diesen Energiekörpern ab, deren Interferenz über Ablehnung oder Akzeptieren entscheidet. Wir können die Welt der Disharmonien nicht verstehen ohne das Wissen um dieses Energiespiel. Es spielt sich vor allem in den Interferenz-Auren ab, die sich zwischen den Menschen bildet. Es ist unser Ziel, Übereinstimmung zwischen den verschiedenen Auren zu erzielen.

(GOTT-EBENE) **Sicherheit**

Schnittpunkt zwischen Geborgenheit und Zuverlässigkeit. Das Bedürfnis nach Sicherheit haben wir auf allen Ebenen, z.B. daß wir uns auf die kosmischen Gesetze verlassen können oder Menschen brauchen, die Wort halten. Dies gibt uns mental-existentielle Sicherheit.

(ICH-EBENE) **Getrenntsein**

Schnittpunkt zwischen Irrtum und Lebensangst. Die Existenz- oder Lebensangst ist tief in uns verwurzelt. Es ist die Angst vor dem Getrenntsein, begründet in der Vorstellung, daß wir von Gott getrennt sind, wenn wir inkarnieren. Diesen Irrtum haben wir aufzugeben und durch das Bewußtsein zu ersetzen, daß Gott in uns ist.

(KARMA-EBENE) **Rückschau**

Schnittpunkt zwischen Gedächtnis und Abrufbarkeit. In unserem Gedächtnis sind alle früheren Erlebnisse gespeichert und abrufbar. Erweitern wir unser Bewußtsein, hilft uns die Rückschau, alte Bilder neu zu verstehen. Dieser Prozeß ist möglich, wenn wir in der Lage sind, diese Bilder abzurufen und emotionsfrei zu verarbeiten. Gelingt uns dies, setzen wir viel Energie für die Gegenwart frei.

(MATERIE-EBENE) **Verpflichtungen**

Schnittpunkt zwischen Regelmäßigkeit und Alltag. Der Alltag ist uns meist verleidet durch die ewige Wiederkehr gleicher Verpflichtungen. Aber durch unseren Protest dagegen kostet er zuviel Energie. Alltägliche Pflichten können uns auch Zeit zur Muße geben.

(EINHEITS-EBENE) **Depressionen**

Schnittpunkt zwischen Trauer und Ausdrucksmöglichkeit. Depressionen sind Tränen der Seele um ihr verlorengegangenes Potential von Ausdrucksmöglichkeiten. Depressionen sind verdrängte und verhinderte Aggressionen. Aggressionen entstehen, wenn unsere unbewußten Programme mit der Wirklichkeit nicht übereinstimmen.

XXII. Die leere Karte

(Der Verlust)

(DU-EBENE) **Fremden Willen ausführen**

Schnittpunkt zwischen Identifikation und Abgrenzungsschwäche. Unter der zwanghaften Abhängigkeit einer „stärkeren" Persönlichkeit stehen, die auch über den Tod hinausgehen kann. Sich von fremden Ideen nicht genügend abgrenzen können.

(ENERGIE-EBENE) **Persönlichkeit**

Schnittpunkt zwischen Selbst-Einschätzung und Ausstrahlung. Das persönliche Urteil über uns selbst fällt unrichtig aus, wenn es uns an Selbsteinschätzung fehlt. Das persönliche Urteil über andere fällt so entsprechend aus. Diese negativen Energien zeigen sich in der Aura. Die Ausstrahlung der Persönlichkeit leidet darunter.

(GOTT-EBENE) **Hass**

Schnittpunkt zwischen Verschmähung und Unterdrückung. Die eigenen Bedürfnisse werden unterdrückt. Aber die große Sehnsucht nach Befriedigung dieser Bedürfnisse ist vorhanden. Wir legen uns eigene Verbote auf. Kommen wir mit diesen Bedürfnissen in Berührung, werden sie verschmäht. Dadurch entsteht Selbsthaß, der sich auch in der Außenwelt widerspiegelt.

(ICH-EBENE) **Abschirmung**

Schnittpunkt zwischen Durchlässigkeit und Abwehr. Alles ist reduzierbar auf Strahlen. Ohne diese Strahlen können wir nicht leben. Es geht nur um die krankmachende Intensität und um das Erkennen, daß wir mit unseren seelischen und geistigen Problemen dieses Mehr an Strahlen selbst anziehen. Es ist die Abwehr gegen uns. Geben wir diese Abwehr auf, sind wir fähig, uns für Strahlen aller Art durchlässiger zu machen. Wir zeigen auf sie dann keine Resonanz mehr.

(KARMA-EBENE) **Lebensunwille**

Schnittpunkt zwischen Verzweiflung und Irrtum. „Versuch und Irrtum" ist das Lebensmodell. Durch das Gefühl des Versagens entsteht tiefe Verzweiflung. So empfinden wir dieses Leben als unsinnig.

(MATERIE-EBENE) **Manipulation**

Schnittpunkt zwischen Magie und Machtmißbrauch. Andere Menschen oder Situationen zu manipulieren, ist Machtmißbrauch. Diese Art von Machtausübung ist „schwarze Magie". Magie, die bewußte Anrufung Göttlicher Kräfte. Schwarz-Magie ist die willentliche Anwendung falscher Kräfte.

(EINHEITS-EBENE) **Einflüsse**

Schnittpunkt zwischen Verstehen und Lernen. Während der Entwicklungszeit gibt es viel zu lernen und zu verstehen, gilt es schließlich, ein Weltbild aufzubauen. Einflüsse sind daher unumgänglich und als Lernprozeß zur Unterscheidung in eigenes und Fremdes zu erkennen. Später geht es darum, diese Einflüsse zu verstehen und sie in unser persönliches Weltbild zu integrieren oder sie zu verwerfen.

1. Kelche As

(Geben)

Bezug zu: XVII. Der Stern *(Der Kosmos)*

(DU-EBENE)	**Für den anderen da sein**
(ENERGIE-EBENE)	**Vom Überfluß abgeben**
(GOTT-EBENE)	**Sich Verschenken**
(ICH-EBENE)	**Sich Verlassen können**
(KARMA-EBENE)	**Potential**

2. Kelche Zwei

(Begegnung)

Bezug zu: IX. Der Eremit *(Das Innen)*

(DU-EBENE) **Versöhnung**

(ENERGIE-EBENE) **Partnerschaft**

(GOTT-EBENE) **Segnen**

(ICH-EBENE) **Sich Entdecken**

(KARMA-EBENE) **Gutgläubigkeit**

3. Kelche Drei

(Gemeinschaft)

Bezug zu: V. Der Hohepriester *(Das Außen)*

(DU-EBENE)	**Kooperation**
(ENERGIE-EBENE)	**Freundeskreis erweitern**
(GOTT-EBENE)	**Identität bewahren**
(ICH-EBENE)	**Übereinstimmung**
(KARMA-EBENE)	**Aufgabe**

4. Kelche Vier

(Trotz)

Bezug zu: XIII. Der Tod *(Die Seele)*

(DU-EBENE) **Zurückhaltung**

(ENERGIE-EBENE) **Sich auflehnen**

(GOTT-EBENE) **Nicht alleinsein können**

(ICH-EBENE) **Einflüsse verhindern**

(KARMA-EBENE) **Sich ausschließen**

5. Kelche Fünf

(Leid)

Bezug zu: X. Das Rad des Schicksals *(Die Materie)*

(DU-EBENE)	**Ent-Täuschungen**
(ENERGIE-EBENE)	**Fehlende Demut**
(GOTT-EBENE)	**Umkehr zur Buße**
(ICH-EBENE)	**Sehnsucht nach Erlösung**
(KARMA-EBENE)	**Erkenntnisse korrigieren**

6. Kelche Sechs

(Herrlichkeit)

Bezug zu: VI. Die Liebenden *(Das Leben)*

(DU-EBENE)	**Zuneigung**
(ENERGIE-EBENE)	**Lob aussprechen**
(GOTT-EBENE)	**Seelenverwandtschaft**
(ICH-EBENE)	**Bewunderung**
(KARMA-EBENE)	**Hingabe an das Leben**

7. Kelche Sieben

(Illusion)

Bezug zu: XV. Der Teufel *(Die Hörigkeit)*

(DU-EBENE)	**Trugbilder**
(ENERGIE-EBENE)	**Utopien**
(GOTT-EBENE)	**Entwicklungsstufe über/unterschätzen**
(ICH-EBENE)	**Eingebildet sein**
(KARMA-EBENE)	**Wunschträume**

8. Kelche Acht

(Zwang)

Bezug zu: VIII. Die Kraft *(Das Unterbewußtsein)*

(DU-EBENE) **Ignoranz**

(ENERGIE-EBENE) **Mangelndes Selbstvertrauen**

(GOTT-EBENE) **Mißachtung**

(ICH-EBENE) **Naivität**

(KARMA-EBENE) **Projektion**

9. Kelche Neun

(Einsamkeit)

Bezug zu: IX. Der Eremit *(Das Innen)*

(DU-EBENE) **Verschlossen sein**

(ENERGIE-EBENE) **Kontaktverlust**

(GOTT-EBENE) **Außenseiter**

(ICH-EBENE) **Alles allein machen müssen**

(KARMA-EBENE) **Lethargie**

10. Kelche Zehn

(Segen)

Bezug zu: 0. Der Narr *(Das Selbst)*

(DU-EBENE) **Bereitschaft**

(ENERGIE-EBENE) **Ausdruckskraft**

(GOTT-EBENE) **Lebensoptimismus**

(ICH-EBENE) **Freimütig sein**

(KARMA-EBENE) **Annehmen können**

11. Kelche Bube

(Instinkt)

Bezug zu: XIV. Die Ausgeglichenheit *(Der Selbstwert)*

(DU-EBENE)	**Taktgefühl haben**
(ENERGIE-EBENE)	**Empfindsam sein**
(GOTT-EBENE)	**Zeitgefühl haben**
(ICH-EBENE)	**Gefühlsmäßiges Handeln**
(KARMA-EBENE)	**Beeinflußung**

12. Kelche Ritter

(Pflicht)

Bezug zu: III. Die Herrscherin *(Die Öffentlichkeit)*

(DU-EBENE)	**Gewissenhaftigkeit**
(ENERGIE-EBENE)	**Soll-Erfüllung**
(GOTT-EBENE)	**Ethisch handeln**
(ICH-EBENE)	**Redlichkeit**
(KARMA-EBENE)	**Begabung**

13. Kelche Königin

(Intuition)

Bezug zu: IXX. Die Sonne *(Gott)*

(DU-EBENE)	**Mitgefühl haben**
(ENERGIE-EBENE)	**Inspiration**
(GOTT-EBENE)	**Feinstoffliches fühlen**
(ICH-EBENE)	**Intimität der Gefühle wahren**
(KARMA-EBENE)	**Spontaneität**

14. Kelche König

(Willenskraft)

Bezug zu: IV. Der Herrscher *(Die Verantwortung)*

(DU-EBENE)	**Dynamik**
(ENERGIE-EBENE)	**Entschlußkraft**
(GOTT-EBENE)	**Führungsposition**
(ICH-EBENE)	**Eigenständig sein**
(KARMA-EBENE)	**Beherrschtheit**

1. Münzen As

(Gegenwart)

Bezug zu: VI. Die Liebenden *(Das Leben)*

(DU-EBENE)	**Angemessen reagieren**
(ENERGIE-EBENE)	**Gegebenheiten verinnerlichen**
(GOTT-EBENE)	**Im Hier und Jetzt leben**
(ICH-EBENE)	**Das Gute erwarten**
(KARMA-EBENE)	**Wirklichkeitsnähe**

2. Münzen Zwei

(Lebensfreude)

Bezug zu: XII. Der Gehängte *(Das Licht)*

(DU-EBENE)	**Heitere Gelassenheit**
(ENERGIE-EBENE)	**Ausgeglichen sein**
(GOTT-EBENE)	**Fröhlichkeit**
(ICH-EBENE)	**Sein Tun genießen**
(KARMA-EBENE)	**Aus sich herausgehen**

3. Münzen Drei

(Selbstmitleid)

Bezug zu: XI. Die Gerechtigkeit *(Die Realität)*

(DU-EBENE)	**An der Umwelt leiden**
(ENERGIE-EBENE)	**Verzichten**
(GOTT-EBENE)	**Weltschmerz**
(ICH-EBENE)	**Falsche Ratschläge befolgen**
(KARMA-EBENE)	**Sich aufopfern**

4. Münzen Vier

(Leistungsdruck)

Bezug zu: XXII. Die Leere Karte *(Der Verlust)*

(DU-EBENE) **Abneigungen**

(ENERGIE-EBENE) **Vorteil nutzen**

(GOTT-EBENE) **Kämpfen müssen und nicht wollen**

(ICH-EBENE) **Antriebsschwäche**

(KARMA-EBENE) **Sich beherrschen lassen**

5. Münzen Fünf

(Schicksal)

Bezug zu: XV. Der Teufel *(Die Hörigkeit)*

(DU-EBENE)	**Hilfsbedürftigkeit**
(ENERGIE-EBENE)	**Ausweglosigkeit**
(GOTT-EBENE)	**Glaubensnot**
(ICH-EBENE)	**In Bedrängnis geraten**
(KARMA-EBENE)	**Die Last anderer tragen**

6. Münzen Sechs

(Unrecht)

Bezug zu: VII. Der Wagen *(Die Entscheidung)*

(DU-EBENE)	**Bestechlich sein**
(ENERGIE-EBENE)	**Ungerecht sein**
(GOTT-EBENE)	**Almosen statt Liebe geben**
(ICH-EBENE)	**Leistung aberkennen**
(KARMA-EBENE)	**Sich ausnützen lassen**

7. Münzen Sieben

(Verpflichtung)

Bezug zu: VIII. Die Kraft *(Das Unterbewußtsein)*

(DU-EBENE) **Wiedergutmachen**

(ENERGIE-EBENE) **Selbstvorwürfe**

(GOTT-EBENE) **Selbsteinschätzung**

(ICH-EBENE) **Sich zuviel aufbürden**

(KARMA-EBENE) **„man"-Doktrin**

8. Münzen Acht

(Zukunft)

Bezug zu: V. Der Hohepriester *(Das Außen)*

(DU-EBENE) **Sich an Vorhersagen binden**

(ENERGIE-EBENE) **Handlungsabläufe beenden**

(GOTT-EBENE) **Versagensängste**

(ICH-EBENE) **Verplanung**

(KARMA-EBENE) **Gedankenflut**

9. Münzen Neun

(Triebe)

Bezug zu: XX. Das Jüngste Gericht *(Karma)*

(DU-EBENE)	**Arbeitstrieb**
(ENERGIE-EBENE)	**Zerstörungstrieb**
(GOTT-EBENE)	**Todestrieb**
(ICH-EBENE)	**Gehetztheit**
(KARMA-EBENE)	**Haben-wollen**

10. Münzen Zehn

(Beruf)

Bezug zu: III. Die Herrscherin *(Die Öffentlichkeit)*

(DU-EBENE) **Zusammenarbeit**

(ENERGIE-EBENE) **Konkurrenzdenken**

(GOTT-EBENE) **Berufung**

(ICH-EBENE) **Broterwerb**

(KARMA-EBENE) **Inkonsequenz**

11. Münzen Bube

(Resonanz)

Bezug zu: XII. Der Gehängte *(Das Licht)*

(DU-EBENE) **Sympathie**

(ENERGIE-EBENE) **Affinität**

(GOTT-EBENE) **Spiegelbild erkennen**

(ICH-EBENE) **Ereignisse verstehen**

(KARMA-EBENE) **Unbewußte Auslöser**

12. Münzen Ritter

(Schutz)

Bezug zu: IV. Der Herrscher *(Die Verantwortung)*

(DU-EBENE) **Fürsorglich sein**

(ENERGIE-EBENE) **Für andere eintreten**

(GOTT-EBENE) **Um göttlichen Beistand bitten**

(ICH-EBENE) **In Obhut nehmen**

(KARMA-EBENE) **Geborgenheit geben**

13. Münzen Königin

(Besinnung)

Bezug zu: II. Die Hohepriesterin *(Das Außersinnliche)*

(DU-EBENE)	**Seelsorgerisches Gespräch**
(ENERGIE-EBENE)	**Bescheidenheit**
(GOTT-EBENE)	**Beschaulichkeit**
(ICH-EBENE)	**Genügsamkeit**
(KARMA-EBENE)	**Bewußte Lebensweise**

14. Münzen König

(Selbstzufriedenheit)

Bezug zu: I. Der Magier *(Die Macht)*

(DU-EBENE) **Zuverlässig sein**

(ENERGIE-EBENE) **Situationen bewältigen**

(GOTT-EBENE) **Den göttlichen Willen leben**

(ICH-EBENE) **Überlegenheit**

(KARMA-EBENE) **Zielstrebigkeit**

1. Schwerter As

(Scheideweg)

Bezug zu: XIV. Die Ausgeglichenheit *(Der Selbstwert)*

(DU-EBENE)	**Bejahung**
(ENERGIE-EBENE)	**Meditation**
(GOTT-EBENE)	**Gebet**
(ICH-EBENE)	**Entfaltung**
(KARMA-EBENE)	**Spiritismus**

2. Schwerter Zwei

(Leugnen)

Bezug zu: XVI. Der Turm *(Die Auflösung)*

(DU-EBENE)	**Andere schlechtmachen**
(ENERGIE-EBENE)	**Seine Natur verleugnen**
(GOTT-EBENE)	**Metaphysisches ablehnen**
(ICH-EBENE)	**Konsumzwang**
(KARMA-EBENE)	**Trennung**

3. Schwerter Drei

(Seelen-Schmerz)

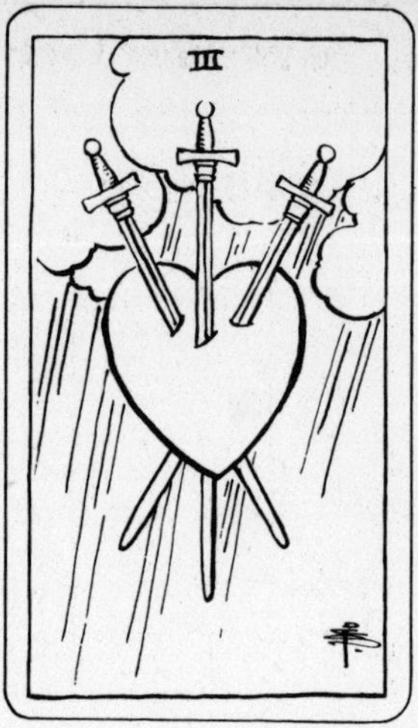

Bezug zu: XXII. Die Leere Karte *(Der Verlust)*

(DU-EBENE) **Sehr verletzlich sein**

(ENERGIE-EBENE) **Traurigkeit**

(GOTT-EBENE) **Liebe löst Schmerz aus**

(ICH-EBENE) **Lebenssinn bezweifeln**

(KARMA-EBENE) **Eifersucht**

4. Schwerter Vier

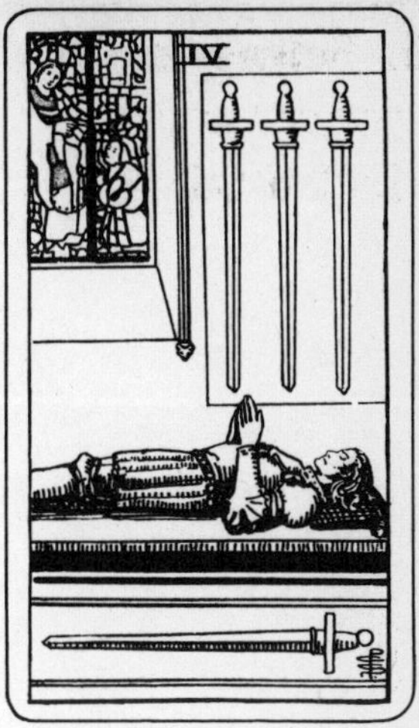

(Scheinfrieden)

Bezug zu: XI. Die Gerechtigkeit *(Die Realität)*

(DU-EBENE) **Konflikte überspielen**

(ENERGIE-EBENE) **Vordergründiges Verzeihen**

(GOTT-EBENE) **Scheingefechte führen**

(ICH-EBENE) **Perfektionismus**

(KARMA-EBENE) **Scheinheilig tun**

5. Schwerter Fünf

(Fanatismus)

Bezug zu: XV. Der Teufel *(Die Hörigkeit)*

(DU-EBENE) **Andere überzeugen wollen**

(ENERGIE-EBENE) **Extreme**

(GOTT-EBENE) **Bekehren wollen**

(ICH-EBENE) **Unbeugsam sein**

(KARMA-EBENE) **Pharisäertum**

6. Schwerter Sechs

(Fixierung)

Bezug zu: XXI. Die Welt *(Die Existenz)*

(DU-EBENE)	**Vorurteile**
(ENERGIE-EBENE)	**Erniedrigung**
(GOTT-EBENE)	**Die Vergangenheit rechtfertigen**
(ICH-EBENE)	**Widerwillig annehmen**
(KARMA-EBENE)	**Protest gegen das Leben**

7. Schwerter Sieben

(Lebensüberdruß)

Bezug: zu XVIII. Der Mond *(Das Archaische)*

(DU-EBENE)	**Schuldigen suchen**
(ENERGIE-EBENE)	**Selbst-bedauern**
(GOTT-EBENE)	**Verfolger-Rolle**
(ICH-EBENE)	**Nicht „nein" sagen können**
(KARMA-EBENE)	**Opfer-Rolle**

8. Schwerter Acht

(Irrwege)

Bezug zu: VII. Der Wagen *(Die Entscheidung)*

(DU-EBENE)	**Zynismus**
(ENERGIE-EBENE)	**Irrtümer**
(GOTT-EBENE)	**Mitläufer**
(ICH-EBENE)	**Hintergedanken**
(KARMA-EBENE)	**Sackgasse**

9. Schwerter Neun

(Gefahr)

Bezug zu: XIII. Der Tod *(Die Seele)*

(DU-EBENE)	**Bedrohung empfinden**
(ENERGIE-EBENE)	**Zweifel haben**
(GOTT-EBENE)	**Ausweichen wollen**
(ICH-EBENE)	**Sich selbst betrügen**
(KARMA-EBENE)	**Flucht in die Regression**

10. Schwerter Zehn

(Chaos)

Bezug zu: XX. Das Jüngste Gericht *(Das Karma)*

(DU-EBENE) **Unselbständig sein**

(ENERGIE-EBENE) **Sein Kartenhaus leben**

(GOTT-EBENE) **Lahmgelegtes Bewußtsein**

(ICH-EBENE) **Sucht**

(KARMA-EBENE) **Rück-Erinnerungen**

11. Schwerter Bube

(Vernunft)

Bezug zu: I. Der Magier *(Die Macht)*

(DU-EBENE) **Gewinnen lassen können**

(ENERGIE-EBENE) **Eindeutigkeit**

(GOTT-EBENE) **Intelligenz**

(ICH-EBENE) **Klugheit**

(KARMA-EBENE) **Kopf-lastig sein**

12. Schwerter Ritter

(Überwindung)

Bezug zu: X. Das Rad des Schicksals *(Die Materie)*

(DU-EBENE)	**Charakterschwäche**
(ENERGIE-EBENE)	**Herausforderung**
(GOTT-EBENE)	**Mut zum Neuanfang**
(ICH-EBENE)	**Gleichgültigkeit**
(KARMA-EBENE)	**Befreiung**

13. Schwerter Königin

(Aufrichtigkeit)

Bezug zu: VI. Die Liebenden *(Das Leben)*

(DU-EBENE)	**Aufmerksamkeit**
(ENERGIE-EBENE)	**Signale wahrnehmen**
(GOTT-EBENE)	**Göttliche Führung**
(ICH-EBENE)	**Wahrhaftig sein**
(KARMA-EBENE)	**Wandlungsfähigkeit**

14. Schwerter König

(Stärke)

Bezug zu: XVII. Der Stern *(Der Kosmos)*

(DU-EBENE) **Vorbild sein**

(ENERGIE-EBENE) **Qualifikation**

(GOTT-EBENE) **Schöpferisches Tun**

(ICH-EBENE) **Tugendhaftigkeit**

(KARMA-EBENE) **Aus Erfahrungen lernen**

1. Stäbe As

(Fähigkeiten)

Bezug zu: I. Der Magier *(Die Macht)*

(DU-EBENE)	**Begeisterungsfähigkeit**
(ENERGIE-EBENE)	**Beharrlichkeit**
(GOTT-EBENE)	**Begnadet sein**
(ICH-EBENE)	**Uneingeschränkt „ja" sagen**
(KARMA-EBENE)	**Lehren**

2. Stäbe Zwei

(Erfolg)

Bezug zu: V. Der Hohepriester *(Das Außen)*

(DU-EBENE)	**Geduld haben**
(ENERGIE-EBENE)	**Effektivität**
(GOTT-EBENE)	**Visualisierung**
(ICH-EBENE)	**Können optimieren**
(KARMA-EBENE)	**Lebensziel kennen**

3. Stäbe Drei

(Ungehorsamkeit)

Bezug zu: XVI. Der Turm *(Die Auflösung)*

(DU-EBENE) **Falsch Zeugnis reden**

(ENERGIE-EBENE) **Arglistig sein**

(GOTT-EBENE) **Abwehrmechanismus**

(ICH-EBENE) **Verlogenheit**

(KARMA-EBENE) **Sich gegen Eltern auflehnen**

4. Stäbe Vier

(Gewißheit)

Bezug zu: 0. Der Narr *(Das Selbst)*

(DU-EBENE)	**Ehrlich sein**
(ENERGIE-EBENE)	**Sonniges Gemüt haben**
(GOTT-EBENE)	**Liebesfähigkeit**
(ICH-EBENE)	**Wohlstand**
(KARMA-EBENE)	**Gleichgewicht Geist-Materie**

5. Stäbe Fünf

(Schwierigkeiten)

Bezug zu: XVI. Der Turm *(Die Auflösung)*

(DU-EBENE) **Auseinandersetzungen meiden**

(ENERGIE-EBENE) **Zwiespältig sein**

(GOTT-EBENE) **Mißverständnisse**

(ICH-EBENE) **Probleme erkennen**

(KARMA-EBENE) **An Sorgen festhalten**

6. Stäbe Sechs

(Selbstfindung)

Bezug zu: XII. Der Gehängte *(Das Licht)*

(DU-EBENE) **Bedürfnisse wahrnehmen**

(ENERGIE-EBENE) **Zusammenhänge durchschauen**

(GOTT-EBENE) **Gott-Erfahrung**

(ICH-EBENE) **Sich selbst konfrontieren**

(KARMA-EBENE) **Widersprüche integrieren**

7. Stäbe Sieben

(Ehrgeiz)

Bezug zu: XXI. Die Welt *(Die Existenz)*

(DU-EBENE)	**Besser sein wollen**
(ENERGIE-EBENE)	**Erwartungshaltung**
(GOTT-EBENE)	**Geltungsdrang**
(ICH-EBENE)	**Geldgier**
(KARMA-EBENE)	**Machtstreben**

8. Stäbe Acht

(Gottvertrauen)

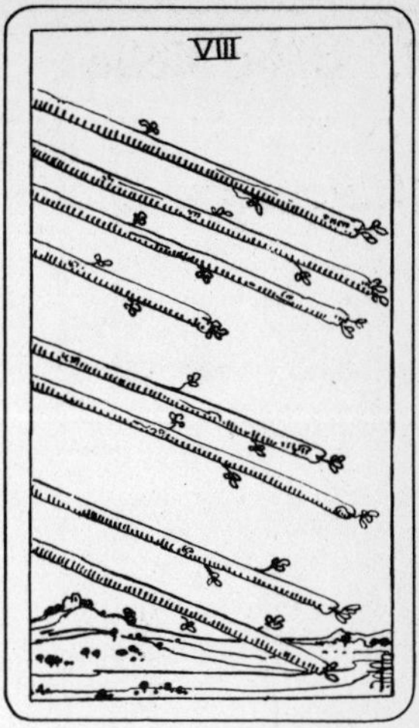

Bezug: zu XVII. Der Stern *(Der Kosmos)*

(DU-EBENE)	**Vertrauenswürdigkeit**
(ENERGIE-EBENE)	**In Einklang sein**
(GOTT-EBENE)	**Geliebt werden**
(ICH-EBENE)	**Zuversichtlich sein**
(KARMA-EBENE)	**Energiefluß**

9. Stäbe Neun

(Vergangenheit)

Bezug zu: XVIII. Der Mond *(Das Archaische)*

(DU-EBENE)	**Gegen den Fortschritt sein**
(ENERGIE-EBENE)	**Festhalten**
(GOTT-EBENE)	**Sklave der Erinnerungen**
(ICH-EBENE)	**Unabhängigkeitsdrang**
(KARMA-EBENE)	**Das Negative speichern**

10. Stäbe Zehn

(Überheblichkeit)

Bezug zu: XI. Die Gerechtigkeit *(Die Realität)*

(DU-EBENE) **Hochmütig sein**

(ENERGIE-EBENE) **Übertreibungen**

(GOTT-EBENE) **Gotteslästerung**

(ICH-EBENE) **Arrogant sein**

(KARMA-EBENE) **Untertreibungen**

11. Stäbe Bube

(Diener Gottes)

Bezug zu: II. Die Hohepriesterin *(Das Außersinnliche)*

(DU-EBENE) **Fleißig sein**

(ENERGIE-EBENE) **Mitmenschlichkeit**

(GOTT-EBENE) **Ergebenheit**

(ICH-EBENE) **Hilfsbereitschaft**

(KARMA-EBENE) **Sich überantworten**

12. Stäbe Ritter

(Bekenntnis)

Bezug zu: IXX. Die Sonne *(Gott)*

(DU-EBENE)	**Zu seinem Wort stehen**
(ENERGIE-EBENE)	**Unterstützung**
(GOTT-EBENE)	**Läuterung**
(ICH-EBENE)	**Schuld gestehen**
(KARMA-EBENE)	**Offenbarung**

13. Stäbe Königin

(Natürlichkeit)

Bezug zu: III. Die Herrscherin *(Die Öffentlichkeit)*

(DU-EBENE) **Offenherzigkeit**

(ENERGIE-EBENE) **Zur Ursprünglichkeit zurückfinden**

(GOTT-EBENE) **Positive Einstellung haben**

(ICH-EBENE) **Das Einfache ist richtig**

(KARMA-EBENE) **Zwischenmenschlicher Kontakt**

14. Stäbe König

(Klarheit)

Bezug: zu XIX. Die Sonne *(Gott)*

(DU-EBENE)	**Objektivität**
(ENERGIE-EBENE)	**Makellosigkeit**
(GOTT-EBENE)	**Die Würde des Augenblicks**
(ICH-EBENE)	**Strebsamkeit**
(KARMA-EBENE)	**Das Ziel erreichen**

Das Kosmische Tarot Deck

Der tägliche Umgang mit dem Kosmischen Tarot wird mit den speziell dafür entwickelten Karten wesentlich erleichtert. Das Kosmische Tarot umfaßt 79 Karten mit den Kurzbeschreibungen der 7 Ebenen bei den großen Arkanen und den 5 Ebenen bei den kleinen Arkanen.

Diese Karten können Sie gegen Voreinsendung von DM 40,– per Scheck beziehen über BLS-Vertrieb und Seminarorganisation Reinhard Fritz, Edelweißweg 5, 8156 Weyarn.

Auch die Schnitpunkte der großen Arkana können als Kartensatz zu den obigen Bedingungen bezogen werden. Sie sind besonders hilfreich als persönliche Therapieebene.

VI. AUSLEGUNGS-BEISPIELE

Um sich ein eindrückliches Bild von der Art der verschiedenen Auslegungsmöglichkeiten machen zu können, beschreibe ich diese im einzelnen. Es sind alles konkrete Erlebnis- und Erkenntnisprozesse von Kursteilnehmern, die an meinem Intensiv-Seminar *„Das Kosmische Tarot“* teilgenommen haben.

Die Auslegungsbeispiele zeigen einen ganz bestimmten Abschnitt im Leben der Kursteilnehmer, nämlich die Summe der Vergangenheit in der Gegenwart. Was im einzelnen im Inneren der Teilnehmer abgelaufen ist, ihre ganze Assoziationskette und die verschiedensten Erkenntnisse kann ich nicht ausführlich beschreiben. Ich kann nur am Ende des Prozesses diesen Lebensabschnitt einbetten in einen größeren Zusammenhang, wie ich diesen Menschen wahrgenommen habe in seiner Veränderung.

Aufbau der Auslegungsbeispiele

1. Die Beschreibung des Problems
2. Persönliche Lebensdaten
3. Der Legeprozeß
4. Die geistige Interpretation
5. Die materiellen Auswirkungen

A. Auslegungsbeispiele – Die vier Grundprozesse

Ein Inspirationsprozeß auf der Gott-Ebene

Die großen Fragen der Menschheit nach dem „Warum“ spiegeln sich wider in dem Unverständnis eines persönlichen schweren Schicksals. Es führt dazu, Gott als ungerecht zu empfinden. A.E. erlebte einen fast tödlichen Unfall und schreibt:

„Ich bin 29 Jahre alt und wurde als ältester Sohn eines Lehrers und einer akademischen Restauratorin planmäßig geboren. Im Milieu des Bildungsbürgertums streng erzogen, hatte ich mich für die Laufbahn eines Lehrers entschieden und war dabei, meine Studien an der Universität zu Ende zu führen. Ich tat dies recht lustlos und ohne innere Berufung und Beteiligung. Ich fühlte schon lange die innere Leere meines Tuns und Daseins. Trotz des großen Protestes gegen die Gesellschaft sehnte ich mich nach ihrer Geborgenheit. Ich fühlte mich als Außenseiter und wollte doch etwas Besonderes erreichen. Ich zog an einem September-Samstag vor drei Jahren unvermittelt meine Lederkluft an und schwang mich auf mein Motorrad, ein Ziel nicht vor Augen. Als ich nach längerer Umherfahrt auf der Hauptstraße in eine scharfe Rechtskurve fuhr, kam plötzlich ein roter Wagen auf meiner Spur und rammte mich frontal. Der Lenker war betrunken gewesen! Ich lag mit schwersten Verletzungen 2 Wochen bewußtlos auf der Intensivstation und anschließend sechs Monate in einer Klinik. Überraschenderweise kam ich mit dem Leben davon. Als körperliche Folge blieben mir eine Lähmung meines linken Armes und Dauerschmerzen.“

Die Fragestellung:

Wie konnte Gott diesen Unfall zulassen?

Die *Tarot*-Antwort (Interpretationsart Abfolge):

1. Wie sieht Gott die Situation?
4 Münzen:
Leistungsdruck
Bezug zu XXII. Die Leere Karte (Der Verlust)
„Kämpfen müssen und nicht wollen“

2. Wie sieht der göttliche Wille aus?
XV. Der Teufel:
Die Hörigkeit
Schnittpunkt zwischen Führer und Fremdautorität.
„Idol“

3. Wie kann ich der kosmischen Energie entsprechen?
8 Stäbe:
Gottvertrauen
Bezug zu XVII. *Der Stern* (Der Kosmos)
„Geliebt werden“

4. Wie finde ich inneren Frieden?
Königin der Stäbe:
Natürlichkeit
Bezug zu III. *Die Herrscherin* (Die Öffentlichkeit)
„Positive Einstellung haben“

5. Wie erlange ich metaphysische Gewißheit?
III. Die Herrscherin:
Die Öffentlichkeit
Schnittpunkt zwischen Selbstbefreiung und Reife.
„Emanzipation“

Geistige Interpretation

Aus göttlicher Sicht steht A.E. unter einem enormen inneren Leistungsdruck (1), der dann entsteht, wenn er nicht sich selbst lebt. Er geht seiner Identität (XXII) verlustig. Er will das Leben nicht als

Kampf betrachten und steht in dem Zwiespalt, es doch tun zu müssen (1). Sein innerer Kampf: er läßt sich von einem Idol (2) führen – Schnittpunkt zwischen Führer und Fremdautorität. Er glaubt also an eine andere Autorität als Gott. Weil er nicht an Gott glauben kann, bindet er sich an eine fremde Autorität (2 – Schnittpunkt). Damit gibt er zu erkennen, daß er eher an das Negative in der Welt glaubt als an die Gnade und Liebe Gottes. Damit verletzt er den göttlichen Willen. Was kann er tun? Gottvertrauen (3) haben; Vertrauen zum Kosmos (XVII) und Vertrauen darauf, daß er selbst geliebt (3) wird. In diesem Vertrauen kann er Frieden finden. Es ermöglicht ihm, eine positive Einstellung zu allem zu haben, was ist (4). Das bringt ihn näher zu seinem natürlichen Selbst, zu dem, was er wirklich ist und will (4). Diese positive Einstellung macht es möglich, etwas von innen her nach außen zu leben (III). Wie kann A.E. darüber Gewißheit erlangen, daß er sich aus der alten Bindung (XV) lösen kann? Sich erst einmal selbst akzeptieren, um sich dann zu emanzipieren (5), was ihm die Selbstbefreiung bringt. Sich zu emanzipieren heißt, sich selbst zu befreien von falschen Vorstellungen in bezug auf sein Geschlecht: A.E. hat seine Rolle als Mann anzunehmen, um zu reifen.

Zusammenfassende Erkenntnis

A.E. kann durch das Loslassen aus seiner alten Bindung zurückfinden zu Gott, und damit zu sich selbst. Durch das Vertrauen, das er dabei gewinnt, bekommt er eine neue positive Lebenseinstellung und kann daran reifen.

Auswirkung auf das Leben von A.E. durch diesen Erkenntnisprozeß

Ich kenne A.E. von mehreren Seminaren und auch von Einzelsitzungen her. Die erste Sitzung war für ihn ein Schock, als bereits dort die mangelnde Gottbeziehung angesprochen wurde. Er erzählte mir, daß er früher im politischen Widerstand seine Energien verzettelt hatte. Sein Leben war geprägt von diesem Widerstand und von seiner beschriebenen Lustlosigkeit, Gleichgültigkeit und Sinnlosigkeit. Seine ausstrahlenden Energien zeigten seine Schwierigkeiten: Er sehnte sich nach Liebe und Frieden, gerade das, was er unbewußt am meisten ablehnte. Der Unfall zwang ihn konkret, sich tiefer mit höheren Zusammenhängen zu befassen und er erkannte das Paradoxon seiner Situation. Er begriff, daß über Gnade und Liebe nicht diskutiert, sondern daß diese nur erfahren werden können. Seine innere Veränderung hat er an mir wahrgenommen als sein Spiegelbild: Mit jeder Begegnung schmolz ein Stück Widerstand, das er folgendermaßen ausdrückte: „Du bist viel weiblicher geworden." Seine äußere Veränderung zeigte sich plötzlich an seinem neuen Betätigungsfeld: Er hatte begonnen mit der Erforschung kosmischer Energien und war davon fasziniert! Mit der gleichen Intensität, mit der A.E. vorher Widerstand gegen sich selbst und gegen Gott geleistet hat, bemüht er sich, die Kosmische Ordnung in seinem Inneren wirksam werden zu lassen.

Ein Charakterprozeß auf der Du-Ebene

Auseinandersetzungen mit der Hierarchie und der Autorität macht vielen Menschen große Schwierigkeiten. Oft wird dieses Problem sichtbar durch Vorgesetzte. N.R. hatte immer wieder mit großen Widerständen gegen ihre Chefs zu kämpfen. Doch diesmal spürte sie, daß sie mit der dazu aufgekommenen Angst nicht allein fertig werden konnte:

„Ich bin 26 Jahre alt und habe seit meinem vierzehnten Lebensjahr gearbeitet – vorzugsweise immer mit sehr schwierigen Chefs. Auch der neue Chef paßt sehr gut in diese Kategorie – gelandet bin ich übrigens bei ihm nach dem Motto: richtige Zeit, richtiger Ort. Er brauchte jemanden und ich war eben gerade da. Mit dieser neuen Stelle bin ich nach einer Art von „Blitzkarriere" sehr schnell in hohe Verantwortungsbereiche gerutscht, was scheinbar grundsätzlich in größere Schwierigkeiten im zwischenmenschlichen Bereich führt. War die anfängliche Entwicklung noch ganz gut, fingen wir an, uns plötzlich nur noch zu hauen. Die Angst, die ich vor ihm bekam, konnte ich selbst nicht mehr lösen."

Die Fragestellung:

Woher kam meine Angst vor dem Chef?

Die *Tarot*-Antwort (Interpretationsart Abfolge):

1. Wie bewahre ich meine Identität?
2 Schwerter:
Leugnen
Bezug zu XVI. *Der Turm* (Die Auflösung)
„Andere Schlechtmachen"

2. Welche Macht übe ich auf den anderen aus?
5 Münzen:
Schicksal
Bezug zu XV. *Der Teufel* (Die Hörigkeit)
„Hilfsbedürftigkeit"

3. Wie kann ich meine Rolle loslassen?
Königin der Schwerter:
Aufrichtigkeit
Bezug zu VI. *Die Liebenden* (Das Leben)
„Aufmerksamkeit"

4. Was erkenne ich in meinem Spiegelbild?
3 Kelche:
Gemeinschaft
Bezug zu V. *Der Hohepriester* (Das Außen)
„Kooperation"

5. Wie kann ich meinen Charakter festigen?
10 Schwerter:
Chaos
Bezug zu XX. *Das Jüngste Gericht* (Karma)
„Unselbständig sein"

Geistige Interpretation

Das *Du* zeigt uns unseren Charakterspiegel. Das *Du* zeigt uns auch, inwiefern wir in der Lage sind, unsere Identität zu bewahren. N.R. leugnet (1) ihre Identität, indem sie andere – hier ihren Chef –

schlechtmachen (1) muß. Sie glaubt, daß das Schicksal (2) Macht über sie hat, doch sie selbst ist diejenige, die Hilfe (2) braucht, um freizukommen von dieser Bindung an das Negative (XV). Sie kann selbständig werden, wenn sie diese Bindung aufgibt. Das kann sie durch Aufrichtigkeit (3) – dem Leben gegenüber, der Liebe, sich selbst und dem Mitmenschen gegenüber (VI). Sie hat ihre ganze Aufmerksamkeit (3) darauf zu richten. Dadurch ist Veränderung möglich. Sie erkennt in ihrem Spiegelbild, daß sie eigentlich viel mehr Sinn für die Gemeinschaft (4) und Sinn für Kooperation (4) hat, als sie sich eingestehen will. Sie kann es nur nicht nach außen (V) zum Ausdruck bringen. Sie kann ihren Charakter festigen, indem sie ihr Chaos beseitigt. Das schafft sie, indem sie lernt und bereit ist, selbständig zu werden. Damit kann sie einen Teil ihres Kosmos (XX) leben. N.R. meint, ihr Chef wird sich doch nicht ändern lassen. Richtig. Aber ihre neue Einstellung dem Chef gegenüber wird auch sein Verhalten ihr gegenüber entscheidend verändern, und so kann dieses Problem aufgelöst (XVI) werden.

Zusammenfassende Erkenntnis

Die falsche Bindung an das Schicksal, das N.R. unselbständig machte, überwindet sie durch viel Aufmerksamkeit den Mitmenschen gegenüber. Sie erkennt ihre eigentliche kooperative Einstellung, die sie praktisch zu leben hat. Es ist ihre Macht, ihre Fähigkeit, mit der sie ihr inneres Chaos ordnen kann. Lebt sie ihre Selbständigkeit innerhalb der Gemeinschaft, findet sie zu ihrer eigenen Identität.

Auswirkungen auf das Leben von N.R. durch diesen Erkenntnisprozeß

Ich lernte N.R. durch eine Bekannte kennen, und sie kam das erstemal zu mir mit ihrem langjährigen Freund. Beide waren gerade vom Urlaub zurückgekommen und N.R. kam mit einer Blasenentzündung. Die Blase hat in meiner Körpersprache mit Seelenbindung zu tun, und als sich herausstellte, daß es mit der Bindung zu ihrem Freund zu tun hatte, mit dem sie seit Jahren im Streit lag, war sie gesund. Auch ihn empfand ich als dieses beschriebene Spiegelbild von negativen Energien, von denen sie sich schon mehrmals lösen wollte, aber nicht konnte. Solange sie das Grundproblem nicht gelöst hat, wird sie immer wieder die Art von Männern und Chefs anziehen, die sie „klein" machen, weil sie unbewußt andere schlecht macht. In der Zwischenzeit hat sie es geschafft, sich von ihrem Freund zu trennen. Die Auseinandersetzungen mit ihrem Chef blieben. Ich konnte mir ihre inneren Kämpfe gut vorstellen, denn sie hat viel Energie und Durchsetzungskraft, die Fäuste meist geballt in der Luft und innerlich voller Abwehr. Die ersten Karten, die ich mit N.R. gelegt hatte, spielten sich alle auf einer hohen spirituellen Ebene ab, und diese hatte sie bis dato verdrängt. N.R. hat ein kosmisches Prinzip vorgelebt: Man kann keinen anderen ändern außer sich selbst.

Ein Lösungsprozeß auf der Ich-Ebene

Beim Lösungsprozeß geht es um innere Wahrheiten, die es zu erkennen gilt. Wie oft erleben wir gerade die Polarität dessen, was wir erreichen wollen. Wir müssen es so erleben, weil die nicht-gewollte Wahrheit in uns gespeichert ist. O.H. schreibt über sich:

„Ich bin 22 Jahre alt und stamme sozusagen aus bestem Haus, mit der Einschränkung, daß ich, seit ich mich erinnern kann, immer den Prellbock zwischen Vater und Mutter spielte. Zu meinem Vater habe ich ein inniglich unausgeglichenes Verhältnis, das zwischen Liebe, Erwartungshaltung und Zurückgestoßensein schwankte. Zu meiner Mutter hatte ich eine Beziehung des Mitleids. Ich entwickelte einen nahezu krankhaften Stolz meiner Familie gegenüber, der ich beweisen wollte, daß ich als jüngste Tochter auch den Anforderungen, die Geschwister gesteckt hatten, gewachsen war. Das Verhältnis zu meinem Vater spiegelt sich seit Jahren unaufhörlich in meinen Beziehungen zum männlichen Geschlecht wider. Kaum hatte ich einen Freund los, verliebte ich mich schnurstracks in den nächsten Chaoten, um mit ihm in die nächste tiefe Depression zu fallen. Allen spirituellen Energien aufgeschlossen, tappe ich immer wieder auf die Männer, die meine Feinfühligkeit und Träume von Zärtlichkeit und Sensitivität vorzugsweise im Bett grundlegend zerstörten. Auch sonst oft der akuten Vergewaltigung entronnen, waren meine sexuellen Erfahrungen mit Männern meist von ihrer Brutalität geprägt, von feinsinnigen Gesprächen ganz zu schweigen. Und der erste Mann auf der weichen Welle, in den ich mich vor einigen Monaten paradoxerweise dramatisch verliebte, verweigerte meine Liebe und das Bett – ebenso dramatisch mußte ich mich von ihm wieder loslösen".

Die Fragestellung:

Wie sieht meine notwendige Veränderung in Bezug auf Männer aus?

Die *Tarot*-Antwort (Interpretationsart Bestandsaufnahme):

1. Was ist die Wahrheit über mich?
10 Stäbe:
Überheblichkeit
Bezug zu XI. *Die Gerechtigkeit* (Die Realität)
„Arrogant sein"

2. Vor welcher Wahrheit habe ich Angst?
5 Kelche:
Leid
Bezug zu X. Das Rad des Schicksals (Die Materie)
„Sehnsucht nach Erlösung"

3. Was habe ich zu überwinden?
Bube der Kelche:
Instinkt
Bezug zu XIV. *Die Ausgeglichenheit* (Der Selbstwert).
„Gefühlsmäßiges Handeln"

4. Was gilt es loszulassen?
2 Münzen:
Lebensfreude
Bezug zu XII. *Der Gehängte* (Das Licht)
„Sein Tun genießen"

*5. **Was will ich wirklich?***
5 Stäbe:
Schwierigkeiten
Bezug zu XVI. *Der Turm* (Die Auflösung)
„Probleme erkennen"

Geistige Interpretation

Die tiefere Wahrheit von O.H. ist, daß sie arrogant (1) ist. Die Schwierigkeiten mit den Männern hat sie also durch ihre Überheblichkeit (1) ihnen gegenüber. Ihre unbewußte Realität (XI) über Männer ist die Vorstellung, daß diese überheblich sind, und sie protestiert diese Tatsache, weil sie es selbst ist. Sie hat Angst vor dieser Wahrheit, weil diese Wahrheit ihr bisher nur Leid (2) gebracht hat. Das Rad des Schicksals (X) drehte sich bisher immer wieder im gleichen Kreis der Enttäuschungen mit ihren „Freundschaften". Ihre Sehnsucht nach Erlösung (2) ist sehr groß, da eine wirkliche Liebe zu einem Mann bisher nicht möglich war. Sie kann die Liebe erleben durch Überwindung (3) ihres mangelnden Selbstwertgefühls – dadurch entsteht die Möglichkeit des gefühlsmäßig richtigen Handelns (3). In diesem Bewußtsein kann sie ihr Tun genießen (4). Gerade durch ihr leichtfertiges Spiel im sexuellen Bereich, das die Männer mit ihr treiben konnten, war ihr ein Genießen nicht möglich und sie verlor ihre Lebensfreude (4). Sie findet zu ihr zurück, wenn sie das Licht (II) in jedem Menschen erkennen kann. Sie beginnt bei sich selbst, dieses göttliche Licht zu sehen. O.H. will wirklich ihre Problematik mit dem männlichen Geschlecht erkennen (5). Das gibt ihr die Möglichkeit, ihre Überheblichkeit aufzugeben und zu einer neuen, „lichten" Erfahrung zu gelangen.

Zusammenfassende Erkenntnis

O.H. hat eine Vorstellung von Männern, die ihr bisher nur Leid und Demütigung gebracht hat. Dies ist ein Ausdruck mangelnden Selbstwertes. Ein richtiges Gefühl für sich selbst zu haben, bringt ihr wieder ihre Lebensfreude und die Chance, das L-ICH-T im anderen zu sehen.

Auswirkungen auf das Leben von O.H. nach diesem Erkenntnisprozeß

O.H. kenne ich seit 2 Jahren und ihre „Geschichte“ hat mich selbst sehr bewegt, da sie mir eher wie ein Krimi, denn als erlebte Wirklichkeit vorkam. Ein ganz zartes Gesicht und ein ganz weicher Körper, und dann diese Auseinandersetzung mit der Brutalität. Der Unterleib, mit dem sie ständig Schwierigkeiten hatte, ist dabei Sinnbild für das Unbewußte. Also hatten wir dort zu suchen. Ihr Unterbewußtsein übte große Macht auf andere aus, und das zu konfrontieren, war sehr hart für sie. Ihre jüngere Schwester, die O.H. sehr stark protestierte, weil sie vom Vater bevorzugt wurde, hatte seit einem Jahr Darmblutungen, für die es medizinisch keine Erklärung und keine Hilfe gab. Als O.H. sich ihrer *Macht*programme des Unterbewußtseins bewußt wurde und diese lösen konnte, wurde ihre Schwester gesund. Diese Erlebnisse haben O.H. tief zu denken gegeben und aus dem arroganten Mädchen ist eine lebensfrohe und selbstbewußte junge Dame geworden.

Ein Erkenntnisprozeß auf der Energie-Ebene

Menschen haben Schicksalsschläge unterschiedlicher Art zu konfrontieren. Die Schwere wird individuell empfunden und doch wird jeder spüren, daß es ein herausforderndes, hartes Schicksal ist, sein eigenes Kind durch einen Unfall zu verlieren, zumal wenn die eigene Mutter unschuldig am Unfall beteiligt war. E.S. schreibt:

„Ich bin 43 Jahre alt, verheiratet und habe 3 Kinder. Im Alter von 7 Jahren ist mein damals jüngster Sohn tödlich verunglückt. Er kam mit seinem Fahrrad den Berg herunter gefahren – viel zu schnell – und fuhr in mein Auto. Ich habe mich bis heute mitschuldig gefühlt an seinem Tod und konnte mir diese „Schuld“ bis heute nicht verzeihen. Durch dieses Schicksal habe ich mich sehr stark mit dem Leben nach dem Tod beschäftigt, ich war auf Sterbeseminaren, machte

Yoga und Meditation; auf diesem Erkenntnisweg bin ich an die Grenzen meiner Ich-Erfahrung gekommen und habe auf dem Tarot-Seminar doch feststellen müssen, daß mein Urvertrauen sehr schnell zu erschüttern war."

Die Fragestellung:

Wie werde ich jetzt mit meinem Schicksal fertig?

Die *Tarot*-Antwort (Interpretationsart Bestandsaufnahme):

1. Welche Energie war hier vorherrschend?
4 Kelche:
Trotz
Bezug zu XIII. *Der Tod* (Die Seele)
„Sich auflehnen"

2. Welche Resonanz hatte ich auf diese Energie?
As der Münzen:
Gegenwart
Bezug zu VI. *Die Liebenden* (Das Leben)
„Gegebenheiten verinnerlichen"

3. Was hatte ich zu konfrontieren?
IX. Der Eremit:
Das Innen
„Reinigung"
Schnittpunkt zwischen Erneuerung und Selbstsucht.

4. Was hilft mir heute, mit dieser Situation fertig zu werden?
2 Schwerter:
Leugnen
Bezug zu XVI. *Der Turm* (Die Auflösung)
„Seine Natur verleugnen"

5. Was will ich erreichen?
XII. Der Gehängte:
Das Licht
„Selbst-Erfahrung"
Schnittpunkt zwischen Erleben und Bereitschaft.

Geistige Interpretation

E.S. ist in einer Trotz-Situation und lehnt sich gegen ihr eigenes Schicksal auf (1). Sie findet zur Gegenwart (2), indem sie die Gegebenheiten von damals jetzt verinnerlicht (2). Dadurch lernt sie wieder, das Leben zu lieben. Zuvor hat sie ihr Inneres (IX) noch zu reinigen (3) von einer ihr nicht bewußten Selbstsucht. Sie leugnete ihre wahre Natur (4), wenn sie nicht für eine neue, lichte (XII) Selbsterfahrung (5) bereit wäre, die sie zur Erneuerung (4) führt.

Zusammenfassende Erkenntnis

Auch nach 11 Jahren lebt E.S. noch nicht wieder in der Gegenwart, weil sie ihr wahres Selbst leugnet. Sie braucht zu ihrer Erneuerung einen Reinigungsprozeß von innen her, der sie von ihrer unbewußten Selbstsucht befreit.

Auswirkungen auf das Leben von E.S. nach diesem Erkenntnisprozeß

E.S. ist vor wenigen Monaten umgezogen, nachdem sie 20 Jahre in dem Haus wohnte, an dem der Unfall passierte. Der notwendige Umzug ergab sich durch den Beruf ihres Mannes, und sie war ganz froh, endlich aus diesem Haus zu kommen, mit seinen belasteten Energien und Erinnerungen. Sie kam zu mir, weil sie immer noch ihre Schuldgefühle spürte. Sie erzählte, daß ihr Sohn schon seit dem Alter von eineinhalb Jahren immer davon sprach, Angst vor dem Tod zu haben und erzählte, daß er lieber mit „Armen und Händen in den Himmel“ wollte. Diese Angst vor dem Sterben hatte sie verdrängt. E.S. ist vier Wochen nach diesem Erkenntnisprozeß noch einmal in die alte Heimat gefahren und hat den Unfall an Ort und Stelle dupliziert. Seitdem geht es ihr um ein Vielfaches besser. Damit sie sich ganz von ihrer Selbstsucht befreien kann, bedarf es noch eines Karma-Prozesses.

B. Auslegungsbeispiele – Die drei Karmaprozesse

A. Ein Ursachenprozeß auf der Karma-Ebene

Schwere Schicksale fordern die Frage nach dem *Warum* sehr heraus. Das „Warum" ist ohne weiteres nicht erklärbar, weil seine Ursache meist unbewußt ist. Wie der „Zufall" es will, ist es nicht verwunderlich, daß in einem Seminar so viele Schicksale zusammenkommen. In diesem Ursachenprozeß geht es wieder um einen Motorradunfall eines jungen Mädchens, der zur Amputation des linken Unterschenkels geführt hat. E.L. schreibt:

„Ich bin 26 Jahre alt, Tochter eines Universitätsprofessors und einer Lehrerin aus bestem Millionärshaus. Mein Vater starb, als ich erst 7 Jahre alt war. Noch einiges zu meiner Geburt: ich wollte nicht auf die Welt kommen, es begab sich seinerzeit eine große Sturmflut, die Krankenhäuser waren völlig überfüllt und meine Mutter hatte durch Unterkühlung starke Risse in der Haut, Fieber, Mittelohrentzündung und war an meiner Geburt nur am Rande schwach beteiligt. Was sich dann auch niederschlug in der Art meiner Geburt: Nach stundenlangem, vergeblichem Kampf wurde ich gesaugt. Ich wußte schon, warum ich nicht wollte, denn ab dem Tod meines Vaters begann ein schizophrenes Leben. Meine Mutter, die mit ihrer Heirat einen blendenden Aufstieg in die High Society erlebte, fiel bei dem Tod meines Vaters genauso schnell wieder in den Staub. Sie begann ab dieser Stunde, Alkohol zu trinken und fest die Schuld ihres schlechten Daseins auf meine Schwester und mich zu projizieren. Ich habe sowohl meinem Leben als auch meiner Mutter den unbewußten Kampf angesagt. Wir haben uns gegenseitig und jeder auch sich selbst ständig verletzt. Mein Protest gegen die Mutter und meine

Umgebung zeigte sich total, als ich mit dem Motorrad gegen einen Mähdrescher fuhr. Unterordnen war mir ein Greuel; besonders in bezug auf einen Beruf. Ich hatte bis zu meinem Unfall keine Ahnung, was ich beruflich machen wollte. Jetzt bin ich gerade dabei, mein Psychologie-Diplom fertigzuschreiben."

Die Fragestellung:

„Warum habe ich mit einem amputierten Bein zu leben?"

Die *Tarot*-Antwort (Interpretationsart Bestandsaufnahme):

1. Warum dieser Lebenskampf?

I. Der Magier:

Die Macht
„Lebens-Abläufe"
Schnittpunkt zwischen Unbewußtheit und Selbsterkenntnis.

Die Lebensabläufe werden bestimmt von unseren unbewußten Programmen, die Macht über uns haben. Ein Machtkampf zwischen Bewußtsein und Unterbewußtsein spielt sich da ab und zeigt sich nach außen als Lebenskampf.

2. Wodurch kann ich den Lebenskampf beenden?

XXII. Die Leere Karte:

Der Verlust
„Lebensunwille – Widersprüche integrieren"
Schnittpunkt zwischen Irrtum und Versagen.

E.L. hat ihren Lebensunwillen aufzugeben, der dadurch entstand, daß sie unbewußt dieses Leben als Irrtum empfindet. Ihre Versagensängste sind absolut folgerichtig – ihrem Programm entsprechend „nicht leben zu wollen".

3. Wie lerne ich zu leben?

König der Münzen:

Selbstzufriedenheit
Bezug zu I. *Der Magier* (Die Macht)
„Zielstrebigkeit"

Indem E.L. sich ein bewußtes Ziel setzt und danach aufrichtig strebt, kann sie zur Selbstzufriedenheit kommen. Das Ziel sollte ihren Fähigkeiten entsprechen: das gibt ihr dann Freude am Leben.

4. Welches Ziel ist erstrebenswert?
König der Kelche:
Willenskraft
Bezug zu IV. *Der Herrscher* (Die Verantwortung)
„Beherrschtheit"

Ihr Ziel ist zunächst einmal, Willenskraft zu entwickeln, damit sie in der Lage ist, ab jetzt die Verantwortung für ihr Leben zu übernehmen. Sie kann dies tun, wenn sie beherrscht genug ist, nicht immer wieder in ihre alten, unbewußten Programme zurückzufallen.

5. Wie beherrsche ich meine unbewußten Programme?
Königin der Schwerter:
Aufrichtigkeit
Bezug zu VI. *Die Liebenden* (Das Leben)
„Wandlungsfähigkeit"

Durch Aufrichtigkeit sich selbst gegenüber und durch Liebe ihrem Leben gegenüber kann sich eine innere Wandlung vollziehen.

Auswirkungen auf das Leben von E.L. nach diesem Ursachenprozeß

Ich lernte E.L. bei einem Einführungsseminar kennen und wußte nichts von ihrem Holzbein. Sie fiel mir auf durch ihre Fröhlichkeit und ihre Freude am Spiel in den Pausen. Der erste Prozeß ergab, daß sie ihr zweites Bein ganz gut angenommen und physisch gut integriert hatte. Die geistigen Zusammenhänge wurden ihr immer klarer, aber die Seele hatte noch Schwierigkeiten, den Verlust hinzunehmen. E.L. hatte sich schon viel bewußt gemacht und sich insbesondere ihre Familiensituation angeschaut und gesehen, daß ihr Familienname in dem örtlichen Krankenhaus, in dem sie nach dem Unfall lag, seit Generationen schon sehr bekannt war. Sie konnte diese Kettenreaktion sehen, erkennen und anfangen, eine neue Lösung zu finden. E.L. hat begonnen, sich dem Leben zu öffnen und kann jetzt ihren Unfall dankbar annehmen. Er hat ihr den Weg geöffnet zu neuen Dimensionen.

Ein Entwicklungsprozeß auf der Karma-Ebene

Mit jeder Entscheidung setzen wir eine neue Ursache, die ihre Wirkung zeigen wird. Deshalb unsere unbewußten Schwierigkeiten, uns zu entscheiden, weil wir die bewußte Verantwortung für die Wirkung nicht übernehmen wollen. In den Ehestand zu treten, ist eine wesentliche Entscheidung. I.B. hat ihren Hochzeitstermin im September 1986. Anlaß genug, mit ihr den Entwicklungsprozeß „Ehe" zu machen.

Die Fragestellung:

Was für Energien werden durch meine Eheschließung freigesetzt?

Die *Tarot*-Antwort (Interpretationsart Bestandsaufnahme):

1. Wie sieht heute die Beziehungsenergie zwischen den beiden Brautleuten aus?

V. Der Hohepriester:

Das Außen
„Familie"
Schnittpunkt zwischen Verbundenheit und Einfluß.

Die Brautzeremonie vollzieht der „Hohepriester" nach außen. Es ist ein persönlicher wie überpersönlicher Vorgang. Die Familien beider Brautleute werden mitgeheiratet. Ob eine Verbundenheit zwischen beiden Familien bestehen wird, entscheidet über die zukünftigen Energien. Der Einfluß der Familien auf ein junges Ehepaar ist bekanntlich sehr groß.

2. Wie wird das Brautpaar mit dem familiären Einfluß fertig?

8 Stäbe:

Gottvertrauen
Bezug zu XVII. *Der Stern* (Der Kosmos)
„Energiefluß"

Beide brauchen Gottvertrauen, um sich an den Energiefluß des Kosmos anschließen zu können, um daraus immer wieder neue Kraft zu schöpfen.

3. Wie können sie den Energiefluß aufrechterhalten?

6 Stäbe:

Selbstfindung

Bezug zu XII. *Der Gehängte* (Das Licht)

„Widersprüche integrieren“

Ihre aufkommenden Widersprüche können sie verstehen lernen, denn ein kosmisches Gesetz besagt: „Jeder Widerspruch ist Ergänzung.“ Jeder kann „ganz“ werden, wenn er den Widerspruch in seinem Leben integriert. Das ist ein hohes kosmisches Bewußtsein, das ihnen hilft, zum L-ICH-T und damit zu ihrem Selbst zu finden.

4. Wie können sie zur Gemeinsamkeit finden?

Ritter der Stäbe:

Bekenntnis

Bezug zu IXX. *Die Sonne* (Gott)

„Offenbarung“

Jeder hat zu seinem eigenen Selbst zu finden und zu einem gemeinsamen Selbst. Sie erreichen es durch ihr Bekenntnis zu Gott. Sie können es leben durch die Offenbarung, daß jeder Mensch göttlich ist.

Auswirkungen auf das Leben von I.B. nach dem Entwicklungsprozeß

Ich kenne I.B. schon seit Jahren. Sie ist schon früh in ihrem Leben mit dem Feinstofflichen in Berührung gekommen, da ihr Vater Rutengänger ist. Sie ist von diesem Bereich hin- und hergerissen. Ihr Freund hat zu diesen Energien keinen Zugang, und sie fühlte sich durch ihn dadurch sehr eingeschränkt. Sie wollte ihre geistigen Fähigkeiten beruflich umsetzen und kam dadurch mit ihrer Familie und ihrem Freund in ständige Auseinandersetzungen. Innere Unruhe trieb sie von einem Seminar zum anderen, bis sie auf dem Tarot-Seminar erkannte, daß es gar nicht dem göttlichen Willen entspricht, in dieser Richtung tätig zu sein. Diese Erkenntnis bewirkte ein richtiges Befreiungsgefühl in ihr.

Bewußtseins-Traumdeutungsprozeß auf der Karma-Ebene

Träume sind ein wesentliches Instrument, um Unbewußtes aufzuarbeiten. Wir erfahren durch den Traum Erlösung. Wissen wir, wovon wir erlöst worden sind, brauchen wir mit unserem Bewußtsein an den Inhalten nicht länger festhalten. Je detaillierter wir uns an einen Traum erinnern können, desto mehr erfahren wir über unsere „Erlösung". G.L. beschreibt folgenden Traum:

„Ich besuche einen Freund auf einer Burg. Die Burg ist bewacht. Ich habe deshalb Angst, möchte aber meinen Freund trotzdem besuchen. An der Pforte muß ich alles abgeben. Der Burgherr begegnet mir. Ein sehr strenger, stolzer Mann. Eingeborene, die an diesem Ort arbeiten müssen, begegnen mir. Fühle mich sehr unfrei. Komme zu meinem Freund. Erlebe Liebe und Verbundenheit. Bin glücklich. Plötzlich die Erkenntnis, in den Unterlagen, die an der Pforte abgegeben sind, stehen sehr negative Dinge über den Burgherrn. Panik. Habe Angst, daß er das liest. Muß raus aus dieser Burg. Überrede meinen Freund, mit mir die Burg zu verlassen. Wir haben beide Angst, wagen es aber, zu gehen. Kommen gut an den Wachen vorbei. Wir gehen eine lange Straße entlang. Plötzlich kommt der Burgherr von hinten herangeritten und verlangt von meinem Freund, daß er Geld bezahlt. Er zahlt und wir haben nichts mehr. Ich wache auf..."

Die Fragestellung:

Was ist durch diesen Traum gelöst worden?

Die *Tarot*-Antwort (Interpretationsart Komplexität):

1. Was ist durch die Angst gelöst worden?

2 Münzen:

Lebensfreude
Bezug zu IXX. *Die Sonne* (Gott)
„Aus sich herausgehen"

Angst wird verwandelt in Lebensfreude, und E. L. lernt, aus sich herauszugehen.

2. Was ist durch den Burgherrn gelöst worden?
8 Münzen:
Zukunft
Bezug zu V. *Der Hohepriester* (Das Außen)
„Gedankenflut"

Sich ständig Gedanken zu machen über die Zukunft, drückt Angst vor der Zukunft aus. Die Lebensfreude (1) wird auch diese Angst lösen. Die Gedanken „Wie wirke ich nach außen?" beziehen sich auf die Frage:

3. Was ist durch die Burg gelöst worden?
2 Kelche:
Begegnung
Bezug zu X. *Der Eremit* (Das Innen)
„Gutgläubigkeit"

Die Möglichkeit, sich selbst zu begegnen. Gutgläubigkeit heißt, an das Gute zu glauben.

4. Was ist durch den Freund gelöst worden?
9 Münzen:
Triebe
Bezug zu XX. *Das Jüngste Gericht* (Karma)
„Haben-Wollen"

Die unbewußten Triebe, die das Leben jetzt beherrschen. Der Trieb des „Haben-Wollens" ist zu erlösen.

Zusammenfassende Erkenntnis aus diesem Traum

Die Gnade des Traums besteht darin, Angst in Lebensfreude zu verwandeln. An das Gute zu glauben wird möglich durch Lösung des „Haben-Wollens".

Auswirkungen auf das Leben von G.L. nach diesem Traumdeutungsprozeß

G.L. habe ich als eine bescheidene, zurückhaltende Frau kennengelernt. Die „Erlösung" konnte sie nicht gleich annehmen, weil sie es nicht glauben konnte. Ihr Haben-Wollen bezog sich nicht auf Geld und Besitz, sondern auf Liebe und Geborgenheit. Das konnte sie sofort bestätigen und sie meinte, sie sei in dieser Hinsicht zu kurz gekommen durch ihre zurückhaltende Art. Von diesem Haben-Wollen konnte sie nicht loslassen, weil es in ihrem Bewußtsein noch nicht verankert ist, daß es mehr ein Geschenk ist, das sie freiwillig bekäme. Noch Wochen nach dem Kurs hatte sie Träume, die alle auf das gleiche hinausliefen, bis sie endlich in der Lage war, dieses „Erlösungsgeschenk" endlich von innen her anzunehmen.

C. Auslegungsbeispiele – Die drei Chakren-Prozesse

Die Chakren-Prozesse werden alle auf der *Gott*-Ebene abgelesen, weil die geistige, seelische und körperliche Entwicklung nur aus kosmischer Sicht in einem übergeordneten Zusammenhang beurteilt werden kann. Es geht dabei um die Kraft der Liebe (Seele) , um die Stärke des Glaubens (Geist) und um die Verwirklichung des Menschen (Körper).

Mit den Chakren-Prozessen bekommen wir einen Überblick über das, was an Blockaden, Behinderungen und Einschränkungen zu lösen ist, beziehungsweise, was in unserer Entwicklung ansteht, um die notwendigen Schritte zur Veränderung zu akzeptieren.

Durch die zwölffache Konfrontation wird noch einmal deutlich, daß diese Prozesse einen ungeschminkten Spiegel darstellen und erst gelegt werden sollten, wenn Sie schon einige Zeit an sich gearbeitet haben. Dann können Sie die „Heilungsenergien", die durch die Erkenntnisprozesse aktiviert werden, besser annehmen.

Ein Seelenprozeß auf der Gott-Ebene

Die Frage nach der Gesundheit der Seele hängt ab von der bis dahin durchlaufenen Entwicklung. Eine Kursteilnehmerin, die kurz nach dem Kurs schwanger wurde, hatte große Schwierigkeiten, das Kind anzunehmen. A.S. schreibt:

„Ich bin 28 Jahre alt. Nach der Geburt meines ersten Kindes vor 4 Jahren wurde ich hin- und hergerissen in meinen Gefühlen zu meinem Kind, welches mit einer Körperanomalie geboren wurde und bereits jetzt einige plastische Operationen hinter sich hat. Als ich vor drei Wochen wieder schwanger wurde, reagierte ich mit Depressionen, Lebensüberdruß und Ekel. Ekel vor den Menschen, vor Körperkontakt, vor Essen. Mein Nicht-Leben-Wollen wurde auf der ganzen Linie sichtbar: ich wollte keine Sonne mehr sehen, mich verkriechen, konnte mich nicht mehr bewegen, kaum mehr atmen."

Die Fragestellung:

Was wurde in meiner Seele durch die Schwangerschaft ausgelöst?

Die *Tarot*-Antwort (Interpretationsart Bestandsaufnahme):

1. Wurzel-Chakra – Selbstverantwortung

XXI. Die Welt:

Die Existenz
„Sicherheit"
Schnittpunkt zwischen Geborgenheit und Zuverlässigkeit.

Die Seele der Mutter sehnt sich nach Sicherheit. Und nach Geborgenheit, in ihrem physischen Körper leben zu können.

2. Nabel- oder Sexualchakra – Lebenswille

Bube der Münzen:

Resonanz
Bezug zu XII. *Der Gehängte* (Das Licht)
„Spiegelbild erkennen"

Ihr Lebenswille hängt von der jeweiligen Resonanz ab, die sie gerade erfährt. Diese Instabilität ist ihr eigenes Spiegelbild. Die Resonanz, die sie auf den Embryo hat, trifft sie in ihrem Lebenswillen.

3. Milz-Chakra – Gefühle, Emotionen

3 Stäbe:

Ungehorsamkeit
Bezug zu XVI. *Der Turm* (Die Auflösung)
„Abwehrmechanismus"

Sie hat einen unbewußten Mechanismus, ihre Gefühle abzuwehren, und ist daher ihren Emotionen ausgeliefert. „Ungehorsamkeit" bedeutet, sie kann nicht auf ihre Gefühle hören.

4. Herz-Chakra – Liebe zu mir selbst und zu den anderen
III. Die Herrscherin:
Die Öffentlichkeit
„Emanzipation"
Schnittpunkt zwischen Selbstbefreiung und Reifung.

Die Liebe zu sich selbst kann sie erfahren durch eine Art Selbstbefreiung, indem sie ihr Geschlecht, ihr Frausein und auch Muttersein annimmt. Das bedeutet eigentlich Emanzipation und macht sie reif, auch andere zu lieben.

5. Hals-Chakra – Kommunikation mit der Seele
Ritter der Stäbe:
Bekenntnis
Bezug zu IXX. *Die Sonne* (Gott)
„Läuterung"

Die Seele bedarf einer Läuterung, insofern, daß sie sich zu Gott bekennt. Damit beginnt eine Kommunikation mit der Seele.

6. Stirn-Chakra – Einstellung zur Welt
XIII. Der Tod:
Die Seele
„Erneuerung"
Schnittpunkt zwischen Tod und Geburt.

Schon der Läuterungsprozeß macht klar, daß die Seele etwas aufzugeben hat, daß etwas in ihr sterben muß, damit sie sich erneuern kann. Sie erlebt ihre eigene seelische Neugeburt und die physische Neugeburt ihres Kindes.

7. Scheitel-Chakra – Macht
8 Stäbe:
Gottvertrauen
Bezug zu XVII. *Der Stern* (Kosmos)
„Geliebt werden"

Um ihre Macht leben zu können, braucht sie Gottvertrauen. Sich von Gott und dem ungeborenen Kind geliebt zu fühlen.

8. Geist-Chakra – Gedanken

10 Kelche:

Segen
Bezug zu O. *Der Narr* (Das Selbst)
„Lebensoptimismus"

Ihre Gedanken entscheiden über ihren Lebensoptimismus. Sagt sie *Ja* zum Leben, ist dies ein Segen für sie selbst und für ihr Kind.

9. Individuations-Chakra – Vorherbestimmung

X. Das Rad des Schicksals:

Die Materie
„Verehrung"
Schnittpunkt zwischen Hingabe und Demut.

Die neu entstehende Materie – das Kind – hat sie zu verehren und in Demut anzunehmen. Dann kann sich das Rad des Schicksals in eine neue Richtung drehen. Das lehrt sie Hingabe an das Leben.

10. Harmonie-Chakra – Gesundheit Körper-Geist-Seele

8 Münzen:

Zukunft
Bezug zu V. *Der Hohepriester* (Das Außen)
„Versagensängste"

Die Gesundheit an Körper, Geist und Seele ist gefährdet durch ihre Versagensängste. Ihre Zukunft hängt davon ab, wie sehr sie in der Lage ist, mit diesen Ängsten fertig zu werden.

11. Autoritäts-Chakra – Charakter

Königin der Stäbe:

Natürlichkeit
Bezug zu III. *Die Herrscherin* (Die Öffentlichkeit)
„Positive Einstellung haben"

Ihr Charakter ist ganz natürlich geprägt von einer positiven Einstellung. Das scheint sie völlig verdrängt zu haben.

12. Einheits-Chakra – Polarität

9 Stäbe:

Vergangenheit

Bezug zu XVIII. Der Mond (Das Archaische)
„Sklave der Erinnerungen“

Sie kann nicht zur Einheit mit sich selbst finden, wenn sie nur eine Seite der Polarität lebt, nämlich die Vergangenheit, mit der sie sklavisch verbunden ist. Archaische Erinnerungen nimmt sie ständig unbewußt wahr.

Über eine Auswirkung auf das Leben von A.S. zu schreiben, wäre verfrüht. Es ist eine Bestandsaufnahme ihrer Seele, und sie braucht Zeit zu ihrer Veränderung, da nicht alles auf einmal gelöst werden kann und darf. Sie beginnt, die positiven Kräfte ihrer Seele wahrzunehmen und zu akzeptieren. In der Zwischenzeit hat sie das Kind angenommen.

Ein Geistprozeß auf der Gott-Ebene

Hatte der Seelenprozeß etwas mit physischer Geburt und der Liebe zum Leben zu tun, so geht es beim Geistprozeß mehr um die Begegnung mit dem Göttlichen Bewußtsein. Geist ist nicht identisch mit Denken und doch wird der Geist durch das Denken geformt. Ich komme ich mit göttlichem Bewußtsein in Berührung, wenn ich beginne zu glauben. Je unerschütterlicher der innere Glauben, desto stabiler ist meine geistige Gesundheit. F.R. hatte oft das Gefühl der Leere und gleichzeitig eine ununterbrochene Gedankenflut, die ihn in der äußeren Aktivität gelähmt hat. Er schreibt über sich:

„Von Geburt an von meinem Vater abgelehnt, wuchs ich, fast ohne physischen Kontakt zu ihm – da die Ehe meiner Eltern bereits am Zerbrechen war – gemeinsam mit meinen älteren Schwestern, von unserer Mutter erzogen, in einer Kleinstadt auf. Ich spielte vorwiegend alleine oder mit meinem einzigen Freund, sonst hatte ich zu Nachbarskindern kaum Kontakt. Als ich mich mit 14 Jahren zum ersten Mal verliebte, diese Liebe letztendlich zwei oder drei Jahre unerfüllt blieb, bis sie nicht mehr spürbar war und ich mich auch nicht traute, irgendjemandem davon etwas zu erzählen, nahm ich erstmals Leid wahr – unerfüllte Liebe, Angst, Einsamkeit, Sehnsucht. Nach meiner Berufsausbildung als Elektroniker hielt ich mein Maskenleben im Kreise meiner gewohnten Umgebung nicht mehr aus und „flüchtete" ins Ausland, wo ich als Außendiensttechniker, alleine unterwegs, kaum mit Menschen zusammenarbeitete. Meine Sehnsucht – eine Frau wieder einmal so zu lieben wie beim ersten Mal, meine Ängste, meine Einsamkeit, meine Unselbständigkeit – flüchteten mit. Hinzu kam, daß ich keine Freude an meiner Arbeit spürte, aber ein immer stärker werdendes Gefühl: es gibt einen Beruf, zu dem ich geboren bin – meine Berufung, und dies steigerte meine Unlust und meinen Protest, nicht nur gegen die Arbeit. In der Hoffnung, endlich mich selbst zu finden nach all den Jahren aufgestauten Schmerzes, kündigte ich in einer tiefen Depressionsphase meinen Job und flüchtete abermals in meine alte Heimatstadt, wo ich heute bei meiner Mutter lebe und wieder als Außendiensttechniker arbeite. Schon seit meinem eben geschilderten ersten Leidenserlebnis empfand ich tiefe Trauer, wenn ich Menschen streiten sah, und es war mir ein Bedürfnis, ihren Streit zu schlichten, ihre Probleme lösen zu helfen. Ich versuche dies auch heute noch, indem ich meine Ansichten beitrage. Es gibt mir Kraft, doch merke ich immer wieder, daß ich mich draußen lasse, daß ich mich selbst kaum traue, um Hilfe zu bitten und Hilfe oder Gutes überhaupt kaum annehmen kann, was meine Verzweiflung, um die ich weiß, erhöht. Meine Abende und meine Freizeit verbringe ich seit Jahren zuhause in meinem Zimmer, und oft werde ich dabei überschüttet von quälenden Gedanken, die mich vom aktiven Leben fernhalten."

Die Fragestellung:

Wie kann ich mehr an mich glauben?

Die *Tarot*-Antwort (Interpretationsart Abfolge):

1. Wurzel-Chakra – Selbstverantwortung

XVII. Der Stern:

Der Kosmos
„Unendlichkeit"
Schnittpunkt zwischen Ewigkeit und Mensch.

2. Nabel- oder Sexualchakra – Lebenswille, Zeugungskraft
König der Schwerter:
Stärke
Bezug zu XVII. *Der Stern* – Der Kosmos
„Schöpferisches Tun"

3. Milz-Chakra – Gefühle, Emotionen
3 Münzen:
Selbstmitleid
Bezug zu XI. *Die Gerechtigkeit* – Die Realität
„Weltschmerz"

4. Herz-Chakra – Liebe zu mir selbst und zu den anderen
VIII. Die Kraft:
Das Unterbewußtsein
Selbstüberwindung
Schnittpunkt zwischen Fortschritt und Programmen.

5. Hals-Chakra – Kommunikation mit der Seele
3 Stäbe:
Ungehorsamkeit
Bezug zu XVI. *Der Turm* – Die Auflösung
„Abwehrmechanismus"

6. Stirn-Chakra – Einstellung zur Welt
XVIII. Der Mond:
Das Archaische
„Ahnungen"
Schnittpunkt zwischen Zukunft und Prophezeiung.

7. Scheitel-Chakra – Macht
Bube der Schwerter:
Vernunft
Bezug zu I. *Der Magier* – Die Macht
„Intelligenz"

8. Geist-Chakra – Gedanken
5 Münzen:
Schicksal
Bezug zu XV. *Der Teufel* – Die Hörigkeit
„Glaubensnot"

9. Individuations-Chakra – Vorherbestimmung
Ritter der Schwerter:
Überwindung
Bezug zu X. *Das Rad des Schicksals* – Die Materie
„Mut zum Neuanfang"

10. Harmonie-Chakra – Gesundheit Körper-Geist-Seele
9 Kelche:
Einsamkeit
Bezug zu IX. *Der Eremit* – Das Innen
„Außenseiter"

11. Autoritäts-Chakra – Charakter
10 Kelche:
Segen
Bezug zu O. *Der Narr* – Das Selbst
„Lebensoptimismus"

12. Einheits-Chakra – Polarität
3 Kelche:
Gemeinschaft
Bezug zu V. *Der Hohepriester* – Das Außen
„Identität bewahren"

Geistige Interpretation

Das Wurzel-Chakra zeigt einem die Voraussetzungen, die man mitbringt in bezug auf die gestellte Frage. Seine Voraussetzung: Der ganze Kosmos (XVII) mit seiner Unendlichkeit (1) steht hinter F.R. Er kann seinen Lebenswillen stärken (2. Chakra), wenn er schöpferisch (2) tätig ist. Auch hier wieder die volle Unterstützung vom Kosmos (XVII). Er hat seine Realität (XI) von Weltschmerz (3) aufzugeben, die nichts anderes ist als Selbstmitleid (3). Dies sitzt sehr tief im Unterbewußtsein, aber mit der gleichen positiven Kraft des Unterbewußtseins (4) kann er diese alten unbewußten Programme, die ihn binden, überwinden. Gegenüber seiner Seele (5. Chakra) sind noch Abwehrmechanismen (5) vorhanden, die ihn hindern, gehorsam (5) gegenüber seiner Seele zu sein. Diese Mechanismen, also unbewußten Programme, müssen noch aufgelöst (XVI) werden. In bezug auf die Welt (6. Chakra), was er für sie sein soll, hat er bereits Ahnungen, deren Prophezeiung (6) er für die Zukunft noch zu erfüllen hat. Die Macht (7. Chakra) der Intelligenz (7) kann F.R. für seine Fähigkeiten (I) nutzen. Er braucht die Unterstützung der Vernunft (7), um sich nicht wieder vom Schicksal (8) einholen zu lassen und in die alten Abhängigkeiten (XV) von Glaubensnot (8) zu geraten. Das Rad des Schicksals (X) ist zu überwinden (9) und der Mut für einen Neuanfang (9) ist von ihm aufzubringen. Mit der Überwindung der „Materie“ überwindet er sein Außenseiterdasein (10) und seine Einsamkeit (10), die ihn bisher nicht in Harmonie (10. Chakra) mit sich selbst und seiner Umwelt kommen ließen. Jetzt steht ihm zur Selbstdarstellung (11. Chakra) der ganze Segen (11) zur Verfügung, was ihm neuen Lebensoptimismus (11) gibt. F.R. hat mehr nach außen zu gehen (V) und für die Gemeinschaft (12) dazusein, er hat seine Fähigkeiten (12) einzusetzen, ohne dabei seine Identität (12) zu verlieren.

Zusammenfassende Erkenntnis

F. R. hat für seinen Neuanfang, den er schon erahnt, alle kosmischen Energien zur Verfügung. Alte Mechanismen sind noch zu überwinden, doch geht sein Selbst daraus gestärkt hervor. Bewahrt er diese Identität auch in der Gemeinschaft, kann er für sein Leben sehr optimistisch sein.

Auswirkungen auf das Leben von F.R. nach diesem Geistprozeß

F. R. wirkte anfangs sehr verschlossen, seine Aura war „dicht“. Seit Jahren zieht er sich im Privatleben zurück in Lethargie und tiefe Traurigkeit. Sein unbewußtes Programm hieß: „Lieber morgen als heute“ und dieses Programm funktionierte bei ihm in allen Lebensbereichen. Das war eine wichtige Tür, durch die er erkenntnismäßig hindurchgegangen ist und die ihn zu diesem Glaubensprozeß führte. Alle seine Prozesse gingen spiralförmig nur um den Glauben: an Gott, an seine Fähigkeiten, an sich selbst. Durch diesen Erkenntnisprozeß hat F. R. den Mut bekommen, den Neuanfang zu wagen, weil er gesehen hat, daß Gott hinter ihm steht.

Ein Körperprozeß auf der Gott-Ebene

Der Körper wird bei der Bewußtseinsentwicklung oft außeracht gelassen. Die seelisch-geistigen Blockaden wirken sich über den Energiekörper auf den physischen Körper aus. Der Körper ist unser Fahrzeug, ohne ihn können wir uns – jedenfalls in dieser Welt – nicht verwirklichen. Die Chakren haben einen direkten Bezug zum physischen Körper und zwar über die endokrinen Drüsen. Sie sind wie „Wächter" für den Funktionsablauf des Körpers zuständig. Es sind die Verantwortlichen für unsere Gesundheit. S.U. war ihr Leben lang immer wieder schwer krank:

„Ich bin 39 Jahre alt. Erste Unterleibsoperation mit 24 Jahren, Zyste an beiden Eierstöcken, linker Eierstock entfernt, Zysten rechts abgeknipst. Lange Jahre Entzündungen im gesamten Bauchraum und Dauerschmerzen. Geschlechtsverkehr nicht möglich. Auftreten einer Allergie gegen Medikamente. Danach zweimalige Operationen an den Nieren – Nierenfixierung rechts. Im weiteren Verlauf Annahme eines Darmtumors. Bei der Operation stellte sich wieder eine Zyste am rechten Eierstock heraus. Außerdem war der Uterus fest verwachsen. Seitdem chronische Allergien (Nesselsucht) auf Milcheiweiß, Sonne, Kälte, Wind, Fettgenuß, Wolle – insgesamt 15 Jahre lang! Vor 14 Jahren wurde eine Bindegewebs-Zellerkrankung festgestellt, die mit Kortison und Zytostatika zwei Jahre lang behandelt wurde, bis die ersten Rippen brachen. Danach durch homöopathische Behandlung gewisse Stabilisierung. Zur allgemeinen Lebenssituation: von Geburt an allgemein immer schwer krank gewesen. Viele Infektionskrankheiten, praktisch nie länger als ein halbes Jahr frei von schwerer Krankheit. Allein lebend, starke Familienbindung an die Mutter, Depressionen."

Die Fragestellung:
Was hindert mich an meiner Verwirklichung?

Die *Tarot*-Antwort (Interpretationsart Komplexität):

1. Wurzel-Chakra – Selbstverantwortung

9 Schwerter:

Gefahr

Bezug zu XIII. *Der Tod* (Die Seele)

„Ausweichen wollen"

In ihrer Verwirklichung sieht sie eine Gefahr, der sie ausweichen möchte. Sie weigerte sich, die Verantwortung für ihr Leben zu übernehmen.

2. Nabel- oder Sexualchakra – Lebenswille, Lebensbejahung

4 Kelche:

Trotz

Bezug zu XIII. *Tod* (Die Seele)

„Nicht allein sein können"

Sie kann mit dieser Gefahr (1) nicht alleine sein und trotzt deshalb dem Leben. Mit ihrer Geburt hat sie das Gefühl, daß durch die Trennung der Nabelschnur eine seelische Trennung von Gott erfolgte.

3. Milz-Chakra – Gefühle, Emotionen

VI. Die Liebenden:

Das Leben

„Ehe"

Schnittpunkt zwischen Treue und Gemeinschaft.

Sie wollte Gott treu bleiben und lieber eine „Ehe" mit Gott als eine „Ehe mit der Gemeinschaft" eingehen. Alleine (2) wollte sie dieses Leben nicht leben.

4. Herz-Chakra – Liebe zu mir selbst und zu den anderen

Königin der Münzen:

Besinnung

Bezug zu II. *Die Hohepriesterin* (Das Außersinnliche)

„Beschaulichkeit"

Sie hat sich darauf zu besinnen, ihr Herz zu öffnen und zu sehen, daß die Gefahr (1) vorüber ist. Sie beginnt, ihre Seele (2) zu lieben und die Christus-Liebe zu entfalten in aller Beschaulichkeit.

5. Hals-Chakra – Kommunikation mit der Seele
9 Kelche:
Einsamkeit
Bezug zu IX. *Der Eremit* (Das Innen)
„Außenseiter“

Ihre Seele ist einsam, und es ist wichtig für ihre Verwirklichung, daß sie sich ihrer Seele öffnet und die Liebe Gottes zuläßt. Geht sie nach innen, braucht sie keine Außenseiterrolle mehr zu spielen. Sie braucht nicht mehr auszuweichen (1) und sich von der Gemeinschaft (3) fernhalten.

6. Stirn-Chakra – Einstellung zur Welt
Königin der Schwerter:
Aufrichtigkeit
Bezug zu VI. *Die Liebenden* (Das Lieben)
„Göttliche Führung“

Sie kann das Leben aufrichtig lieben, wenn sie sich der göttlichen Führung überläßt. Statt ausweichen (1), sich überantworten!

7. Scheitel-Chakra – Macht
XII. Der Gehängte:
Das Licht
„Erleuchtung“
Schnittpunkt zwischen Neugeburt und *Ich*.

Sie kann jetzt den Reinigungsweg des Lichtes gehen und viele Tode (1 + 2) all dessen erleben, was nicht zu ihr gehört. Sie hat die Chance einer Neugeburt auf einer höheren Ebene. Sie wird geführt von Gott (6).

8. Geist-Chakra – Gedanken
Ritter der Stäbe:
Bekenntnis
Bezug zu IXX. *Die Sonne* (Gott)
„Läuterung“

Ein Bekenntnis zu Gott abzulegen, beginnt mit der seelischen und geistigen Läuterung. Die Gedanken sind auf das Göttliche auszurichten.

9. Individuations-Chakra – Vorherbestimmung
X. Das Rad des Schicksals:
Die Materie
„Verehrung“
Schnittpunkt zwischen Hingabe und Demut.

Durch diesen Läuterungsprozeß (8) kann sich das Rad des Schicksals wenden. Sie wird Gott verehren und in Demut sich dem Leben hingeben. Ihr *Ich* (7) wird neugeboren sein.

10. Harmonie-Chakra – Gesundheit Körper-Geist-Seele
2 Kelche:
Begegnung
Bezug zu IX. *Der Eremit* (Das Innen)
„Segnen“

Ihr Weg geht nach innen, bei dem sie sich selbst, ihrer Seele (1+2) begegnet und dadurch gesunden kann. Durch den Kontakt mit dem göttlichen Bewußtsein beginnt sie, die innere Segnung anzunehmen.

11. Autoritäts-Chakra – Charakter
IV. Der Herrscher:
Die Verantwortung
„Umsetzungsfähigkeit“
Schnittpunkt zwischen Ziel und Entscheidung.

Sie hat sich jetzt für ein neues Ziel entschieden, das es ihr ermöglicht, dieses neue Bewußtsein auch umzusetzen. Das ist ihre Verantwortung, der sie heute nicht ausweichen (1) darf. Diese innere Art von Autorität stärkt ihren Charakter.

12. Einheits-Chakra – Polarität
2 Schwerter:
Leugnen
Bezug zu XVI. *Der Turm* (Die Auflösung)
„Metaphysisches ablehnen“

Das Hindernis, nämlich Metaphysisches abzulehnen, gilt es noch aufzulösen. Sie leugnet damit die Polarität und verhindert so die Einheit. Dieses Hindernis ist ihre Gefahr (1). Es ist zuerst zu lösen, damit das Rad des Schicksals (9) sich im göttlichen Bewußtsein drehen kann.

Zusammenfassende Erkenntnis

Mit ihren unbewußten Programmen des Sich-Getrennt-Fühlens von Gott durch die Tatsache der physischen Geburt ist sie kein Außenseiter. Sie hat sich auf den Läuterungsprozeß zu besinnen, der ihr zur Wiedergeburt auf einer neuen Ebene verhilft. Sie hat sich jetzt für ein neues Ziel zu entscheiden, für das sie die Verantwortung übernimmt.

Auswirkungen auf das Leben von S.U. nach dem Körperprozeß

S.U. fiel dadurch auf, daß sie offensichtlich allen beladenen Energien in ihrer Umgebung ausgeliefert war. Sie hatte keine Energie, kein Depot an Lebensenergie mehr. Ihre lebenslangen, schweren Krankheiten zeigen ihr, daß sie grundsätzlich etwas zu ändern hat. Der Läuterungsprozeß bringt das deutlich zum Ausdruck. Sie war dazu bereit, und alle folgenden Prozesse dienten nur diesem einen Ziel. Eine harte, aber lebensnotwendige Konfrontation. Am Ende des Seminars traf sie in bezug auf ihren Beruf eine grundlegend neue Entscheidung. Sie verfolgt dieses Ziel jetzt mit viel Energie und großer Freude. Sie hat sich für den göttlichen Weg entschieden. Ihre 15 Jahre alte Allergie ist seit Monaten verschwunden. Heilsein heißt, eins mit Gott zu sein.

D. Auslegungsbeispiele – Die zwei Seins-Prozesse

Ein Gnaden- und Veränderungsprozeß auf der Seins-Ebene

Auf dieser *Seins*-Ebene geht es darum, ein höheres göttliches Bewußtsein zu erreichen. Der Gnadenprozeß entspricht der Vertikalen (*Einheits*-Ebene) und der Veränderungsprozeß entspricht der Horizontalen (*Materie*-Ebene). Der Prozeß ist nur im „Kreuz" sinnvoll. Es entspricht der Einsicht, daß es der göttlichen Gnade bedarf, um eine Wandlung in seinen *Seins*-Strukturen zu erfahren. Dort allein ist ein neues Göttliches Bewußtsein möglich. Sind wir auf diese Weise einmal angeschlossen an den kosmischen Energiefluß, dann sind wir auch göttlich geführt und wir beginnen, uns zu verändern, uns folgerichtig zu verwirklichen. Die Realität stimmt mit der Wirklichkeit überein. Innen und Außen sind identisch – und somit können wir unsere Identität leben.

Auf allen Kursen ging es bei N. T. nur um den Vater. Sie mußte mit der Autorität Vater ein großes Problem haben. Gott-Vater bewirkt Gnade, und deshalb haben wir mit ihr diesen Prozeß gemacht:

„Ich bin 45 Jahre alt. Mein Leben war bisher sehr pflichtbetont. Es wurden mir von Kind an viele Pflichten auferlegt und deren Erfüllung natürlich erwartet, besonders vom Vater. Ich fühlte mich für alles verantwortlich, und so prägte sich in mir das pflichtbewußte und verantwortungsvolle Dasein für andere. Als ältestes von vier Kindern und dann noch teilweise kranke Eltern, erlebte ich kaum eine Kindheit und noch weniger eine Jugend. Das stelle ich heute fest – damals war das Helfen und Gebrauchtwerden schön; ich konnte mich nützlich machen und war etwas wert. Ich bin heute froh und dankbar, daß ich gesund und vital bin und alles mit Liebe und Zufriedenheit erledigen konnte. Mutterliebe durfte ich meinen Geschwistern geben. Die Schattenseiten lagen im Schulbereich und dies hängt mir nach – auch heute noch – und mindert mein Selbstwertgefühl. Mit 10 Jahren Versorgung des gesamten Haushaltes und Betreuung der 3 kleinen Geschwister und von Opa (80 Jahre) und Mutter – sie lagen jahrelang krank im Bett. Vater verteilte schon frühmorgens seinen Erfüllungsplan an mich, und Mutter übertrug mir ihre Aufgaben vom Bett aus. Meine Schwester war zuhause die Prinzessin und Vaters Liebling, und ich wurde immer als Aschenputtel behandelt. Als Älteste gabe es für mich praktisch nie Freizeit, sondern immer nur Vorbild sein und Hausarbeit. Später habe ich dann auch noch finanziell zum Unterhalt der Familie beigetragen und wurde dann auch vom Vater einmal gelobt, bei dem es sonst nur Gehorsam gab. Vater war der Mächtige. Das erlebte ich wieder mit meinem Mann, der einen sehr starken Willen besitzt und dazu viel Macht über mich hatte."

N.T. hat ihren Lebenslauf besonders ausführlich geschrieben – dadurch wird auch die Dringlichkeit einer notwendigen Veränderung im Bewußtsein besser verstanden.

Die Fragestellung für den Gnaden- und Veränderungsprozeß

1. Wo stimme ich mit dem göttlichen Bewußtsein nicht überein?
2. Wo bin ich getrennt von Gott?
3. Wie komme ich in Einheit mit Gott?
4. Bin ich bereit, göttliche Energien anzunehmen?
5. Was ist im Begriff, sich zu verändern?
6. Was kann ich für meinen Nächsten tun?

Die *Tarot*-Antwort (Interpretationsart Bestandsaufnahme)

1. II. Die Hohepriesterin (Das Außersinnliche) – DIENEN
Schnittpunkt zwischen Christus-Liebe und Helfen.

Frage: Wo stimme ich mit dem Göttlichen Bewußtsein nicht überein? Ihr Leben bestand aus Helfen und Dasein für die anderen. Sie hatte es sogar bis zu einem gewissen Zeitpunkt gerne getan, und es war ihr nicht bewußt, daß sie nicht im göttlichen Sinne arbeitete, sondern für die falsche Macht in Form von Gehorsamkeitsansprüchen des Vaters. Dienen heißt nicht, sich selbst aufzugeben. Dienen ist Gottes- Dienst. Die Christus-Liebe, die Erlösungskraft, ist zuerst in uns selbst zu entfalten.

2. XVII. Der Stern (Der Kosmos) – GÜTE
Schnittpunkt zwischen Weisheit und Entwicklung.

Frage: Wo bin ich getrennt von Gott?
Ihre Trennung von Gott kommt durch mangelnde Güte, obwohl sie nur Gutes für die anderen getan hat! Und die Güte zu sich selbst? Sie kann sich nur entwickeln, wenn sie die Weisheit hat, daß es ihre Seele ist, die der göttlichen Güte bedarf. Gut ist ein Synonym für Gott. Es ist gut, weise und gütig zu sein.

3. XXI. Die Welt (Die Existenz) – VERPFLICHTUNG
Schnittpunkt zwischen Regelmäßigkeit und Alltag.

Frage: Wie komme ich in Einheit mit Gott?
Sie kommt in Einheit, wenn sie ihr zu stark ausgeprägtes Pflichtbewußtsein aufgibt. Ihre alltäglichen Verpflichtungen entfernen sie vom göttlichen Energiestrom. Regelmäßigkeit ist eine kosmische Konstante, die sie in neuer Form in den Alltag integrieren sollte.

Angenommen, N.T. nimmt die Gnade an und lebt dieses neue göttliche Bewußtsein, dann kann sich für sie, für ihr Leben folgendes verändern:

4. *4 Kelche* – Trotz, Bezug zu XIII. *Der Tod* (Die Seele)

Frage: Bin ich bereit, Göttliche Energien anzunehmen?
Bei der Annahme von göttlichen Energien ist sie noch trotzig. Sie weiß aber, daß etwas in ihr zu sterben hat, damit ihre Seele auferstehen kann.

5. *3 Stäbe* – Ungehorsamkeit, Bezug zu XVI. *Der Turm* (Die Auflösung)

Frage: Was ist im Begriff sich zu verändern?
Alte Situationen lösen sich auf und damit die Ungehorsamkeit Gott gegenüber.

6. I. Der Magier (Die Macht) – ENERGIE-BEWUSSTSEIN
Schnittpunkt zwischen Metaphysischem und Physischem.

Frage: Was kann ich für meinen Nächsten tun?
Wir sollen etwas für den Nächsten tun, aber eben in der richtigen Weise. Ein neues Energiebewußtsein ist anzuwenden. Sie kann für andere nur das tun, was ihren Fähigkeiten entspricht: Das Metaphysische mit dem Physischen verbinden. Und dieses neue, daraus entstehende Energiebewußtsein weiter vermitteln.

Auswirkungen auf das Leben von N.T. nach diesem *Seins*-Prozeß

N.T. kam in meine Seminare, weil es ihr Mann auch tat. Sie wollte nicht wieder so hintenanstehen. Erst nach zwei schweren Unfällen im letzten Jahr hat sie „aufgemacht", und ihre Motivation hat sich grundlegend geändert. Sie hat zum erstenmal die Macht Gottes gespürt, die sie am Leben erhalten hat und sie in ungewöhnlich kurzer Zeit hat heilen lassen.

Sie hatte im Kurs die schönsten Meditationserlebnisse und war davon überwältigt. Sie fühlt sich jetzt von Gott geführt und ist dafür sehr dankbar. Und sie hat gelernt, auch in der Ehe ihr *Selbst* einzubringen und nicht immer im Schatten ihres Mannes zu stehen. Die Arbeit mit den Kollegen betrachtet sie heute aus einer neuen Perspektive, weil sie dort die Möglichkeit hat, die größeren Zusammenhänge zu erkennen. Ihr Reifeprozeß ist spür- und sichtbar geworden: die Natur und die Mitmenschen sind heller und freundlicher geworden. Lebensfreude ist in ihr erwacht.

Ein Wahrheitsprozeß auf der Seins-Ebene

Hier geht hier es um die vier Aspekte des *Seins* auf drei Ebenen: die Aspekte *Gott-Vater*, *Gott-Mutter*, *Mitmensch* und *Körper* auf den Ebenen *unbewußt*, *bewußt* und *überbewußt*. Ich bin in Einheit, wenn alle Aspekte auf allen Ebenen in Harmonie sind. Ein Urgrundprozeß meines *Selbst:*

D. L. ist 34 Jahre alt und hat Jura studiert. Seit einigen Jahren übt sie einen Heilberuf aus und verfolgt zielbewußt ihren geistigen Weg. Auf einem der Seminare kam dieses Ziel ins Schwanken. Warum? Was ist der übergeordnete Göttliche Wille?

Die Fragestellung zu den *Aspekten:*

1. Wie aufrichtig ist meine Verbindung zu Gott-Vater?
2. Wie aufrichtig ist meine Verbindung zu Gott-Mutter?
3. Wie nehme ich meine Mitmenschen wahr?
4. Wie nehme ich meinen physischen Körper wahr?
   - unbewußt
   - bewußt
   - überbewußt

Die *Tarot*-Antwort (Interpretationsart Komplexität):

Tabellarische Übersicht:

	Gott-Vater	Gott-Mutter	Mitmenschen	Körper
unbewußt	1 4 Schwerter Scheinfrieden XI. Gerechtigkeit Die Realität	4 8 Stäbe Göttliche Energie XVII. Der Stern Der Kosmos	7 Ritter Münzen Schutz IV. Der Herrscher Die Verantwortung	10 X. Rad des Schicksals Der Rhythmus Leidenschaft Emotionen-Energie
bewußt	2 2 Kelche Begegnung IX. Der Eremit Das Innen	5 VI. Die Liebenden Das Leben Mutter-Liebe Hingabe-Geben	8 Bube Schwerter Vergangenheit I. Magier Die Macht	11 9 Schwerter Gefahr XIII. Der Tod Die Seele
überbewußt	3 4 Stäbe Gewißheit O. Der Narr Das Selbst	6 5 Stäbe Schwierigkeiten XVI. Der Turm Die Auflösung	9 5 Schwerter Fanatismus XV. Teufel Die Hörigkeit	12 3 Kelche Gemeinschaft V. Hohepriester Das Außen

Die Vorgehensweise

Bei den Vertikal-Karten wird auf der *Einheits*-Ebene abgelesen, inklusive der Schnittpunkte. Bei den Horizontal-Karten werden die Überschriften und die Bezüge genommen. Die Vertikal-Karten drücken aus, welches göttliche Bewußtsein notwendig ist, um Zugang zu finden zum Göttlichen Willen. Die Horizontal-Karten zeigen die Veränderung, wenn das Bewußtsein erweitert worden ist.

Dieser Prozeß wird in zweifacher Hinsicht interpretiert: Einmal haben die *Aspekte* Priorität, das anderemal die *Ebenen*.

Geistige Interpretation in bezug auf die *Aspekte*

In der persönlichen Verbindung zu Gott hat D.L. einen Scheinfrieden geschlossen (1), denn es mangelt ihr immer noch an der inneren Gewißheit (3) des Glaubens. Sie geht ihren „geistigen Weg“ und doch fehlt ihr noch die Begegnung (2) Gottes in ihrer Seele, in ihrem Herzen, die gefühlsmäßige Nähe. In der Verbindung zu Gott-Mutter hat sie Schwierigkeiten (6), die Rolle als Mutter (5) in ihrem Leben zu akzeptieren, über die sie die ganze göttliche Energie (4), die göttliche Liebe erfahren würde. Kann sie die Mutter-Liebe (5) geben, lösen sich auch ihre Schwierigkeiten (6) und sie ist an kosmische Energien (4) angeschlossen. In bezug auf die Mitmenschen übernimmt S.T. gerne den Schutz für sie und trägt mit an deren Verantwortung (7), ist aber in ihrer eigenen Entfaltung (8) verhindert, weil sie ihre Fähigkeiten nicht verwirklicht (8). Sie glaubt, die anderen hindern sie daran. Doch ihre mangelnde Vernunft ist darauf zurückzuführen, daß sie sich sexuell von Menschen binden läßt (9), die sie veranlassen, fanatisch (9) in die falsche Richtung zu schauen, nicht dorthin, wo ihr wirklicher Weg liegt. In bezug auf ihren Körper lebt D.L. eine unbewußte Leidenschaft. Es sind emotionelle Energien, die falsch gepolt sind. Es ist die unterdrückte – ihr nicht bewußte – sexuelle Leidenschaft gemeint (10). Diese falsch gepolten Energien sind eine Gefahr für ihre Seele. Der Körper ist sozusagen der „Treffpunkt“ von Geist und Seele, die zusammen eine Gemeinschaft (12) bilden und sich nach außen als Charakter darstellen (12).

Die Fragestellung zu den *Ebenen*

1. Wie sieht das Unterbewußtsein mein Leben?
2. Wie sieht mein Verstand mein Leben?
3. Wie sieht Gott mein Leben?

Geistige Interpretation der *Ebenen*

Sie hat ihre eigene Vorstellung von Gerechtigkeit (1) und kann die Realität der kosmischen Energie (4) nicht leben, weil die – ihr unbewußte – Leidenschaft (10) ihr Schicksal bestimmt. Um das wieder auszugleichen, glaubt sie, für andere Menschen die Verantwortung ((7) übernehmen zu müssen und ihnen den Schutz (7) zu bieten, den ihnen nur Gott geben kann. Durch diese falsche Verlagerung ihrer Aufgaben schneidet sie sich vom göttlichen Energiefluß (4) ab und geht mit sich einen Scheinfrieden (1) ein. Sie hat ihrem Innersten zu begegnen (2), damit sie die Gefahr (11) erkennen kann in bezug auf ihr Leben (5). Ihre Vernunft (8) hat hier zu siegen, um eine neue persönliche Begegnung zu akzeptieren zu ihr, ihrer Mutter-Rolle (5) zu verwirklichen. Gott ist sich ihres Selbst gewiß (3), doch hat sie die Bindung an negative Kraftfelder (9) aufzugeben, die sie in Schwierigkeiten (6) bringen. Diese sind zu lösen, damit es ihr möglich ist, eine neue Lebensgemeinschaft (12) zu verwirklichen.

Auswirkungen auf das Leben von D.L. nach diesem Wahrheitsprozeß

Auf dem letzten Kurs wurde deutlich, daß ihre Entwicklung in eine ganz andere Richtung zu gehen hat – nämlich in die der Mutterschaft. Seitdem ist sie sich ihrer Verdrängung von Weiblichkeit bewußt. Wie weit diese Verdrängung geht, zeigen ihre Partnerschaften: dem Verlobten kündigte sie ihre Freundschaft kurz vor der Heirat; der jetzige Freund ist gebunden. Sie ist in einem sehr großen inneren Konflikt, denn den Sinn dieses Göttlichen Willens kann sie überhaupt noch nicht erfassen. Sie hat angefangen, mehr ihre Weiblichkeit zu leben. Es ist ihr zu wünschen, daß sie einfach *Ja* sagt und sich dem öffnet, was für sie bestimmt ist.

Legetechniken – in Kombination

Sind Sie im Laufe der Zeit mit den Legetechniken und Fragestellungen geübt, so ist es auch möglich, daß Sie noch ein oder zwei andere Karten zu den bereits gelegten hinzufügen können, um eine detailliertere Auskunft darüber zu bekommen, wie die Antwort gemeint ist. Oder Sie sitzen in einem Erkenntnisprozeß „fest", so können Sie auch eine zusätzliche Karte ziehen, die Ihnen hilft, weiterzugehen.

Neben der Möglichkeit, Karten auf der gleichen Ebene dazuzunehmen, können Sie auch nur eine Karte ziehen und sich alle Ebenen anzuschauen mit der Fragestellung: „Welcher übergeordnete Zusammenhang fehlt mir, um diesen Prozeß besser zu verstehen?" So bekommen Sie mit der Zeit ein Gefühl für kosmische Zusammenhänge. Zwei Beispiele dafür haben Sie im Kapitel „Interpretationen".

Ein Entwicklungsprozeß auf der Karma-Ebene

Wir beziehen uns noch einmal auf D. L. und schauen uns an, was sich aus diesem Erkenntnisprozeß heraus entwickelt. Sie entscheidet sich, nach dem göttlichen Willen zu leben.

Die Fragestellung:

Was löse ich mit meiner Entscheidung unbewußt aus?

Die *Tarot*-Antwort (Interpretationsart Bestandsaufnahme):

1. Was löse ich mit meiner Entscheidung unbewußt aus?
Königin der Stäbe:
Natürlichkeit
Bezug zu III. *Die Herrscherin* (Die Öffentlichkeit)
„Zwischenmenschlicher Kontakt"

Ein neuer zwischenmenschlicher Kontakt ist ganz natürlich. Sie kann diese Beziehung auch in der Öffentlichkeit leben.

1a. Zusatz-Karte: Welche Art von Beziehung ist gemeint?
3 Kelche:
Gemeinschaft
Bezug zu V. *Der Hohepriester* (Das Außen)
„Aufgabe"

Mit dieser Beziehung soll sie eine Gemeinschaft bilden und sich dieser neuen Aufgabe widmen.

2. Was entsteht aus dieser Natürlichkeit?
XIV. Die Ausgeglichenheit:
Der Selbstwert
„Menschlichkeit"

Lebt sie ihrer Natur entsprechend, wird sie ausgeglichener sein. Sie wirkt dann „menschlicher", weil sie ihren Selbstwert erkennt.

2a. Zusatz-Karte: Welche Art von Selbstwert ist es?
2 Stäbe:
Erfolg
Bezug zu V. *Der Hohepriester* (Das Außen)
„Lebensziel kennen"

Dadurch, daß sie ihr Lebensziel kennt, wird sie auch nach außen hin Erfolg haben, was ihr ein größeres Selbstwertgefühl gibt.

3. Was habe ich zu tun, um diese „Menschlichkeit" zu erfüllen?
Ritter der Schwerter:
Überwindung
Bezug zu X. *Das Rad des Schicksals* (Die Materie)
„Befreiung"

Sie hat sich zu überwinden, das neue Schicksal anzunehmen, das ihr existentielle Befreiung verschafft.

Geistige Interpretation

D.L. entscheidet sich für den göttlichen Willen und „erntet" neue zwischenmenschliche Beziehungen. Es ist eine Gemeinschaft, wo sie ihre Aufgabe zu erfüllen hat. Das ist ihr Lebensziel, das bringt ihr Erfolg und festigt ihr Selbstwertgefühl. Sie lebt dann ausgeglichen und ganz natürlich, sozusagen „menschlich". Sie überwindet das alte Schicksal und erlebt ihre Befreiung.

Anmerkung

Wenn Sie beide Prozesse zusammennehmen, erkennen Sie, wie sehr sich die Aussagen und auch die Karten bzw. die Bezüge gleichen. Das war fiktiv angenommen, daß sie sich für den göttlichen Willen entschieden hat, um die Wirkung zu betrachten. In gleicher Weise könnte sie einen Prozeß machen, wo sie sich für die Fortsetzung ihres bisherigen Lebens entscheidet. Sie können sich ausmalen, wie der Prozeß aussehen würde.

Wir sind frei zu entscheiden – nur: entscheiden wir uns gegen den göttlichen Willen, so können wir nicht sagen: „Es gibt einen ungerechten Gott." Das gibt es nicht. Gott ist: Liebe, Gnade, Vertrauen, Geborgenheit, Freude – Gott ist alles.

Zum Schluß möchte ich Ihnen viel Mut und Kraft wünschen für die Entscheidung, mit ihrer Selbsterfahrung zu beginnen. Es ist nicht immer ein einfacher Weg, aber der Lohn ist:

HEILUNG DURCH ERKENNTNIS

Barbara Luetgebrune

HANDBUCH DER KALIFORNISCHEN BLÜTENTHERAPIE

Eine Anleitung zum Gebrauch von 72 Bütenessenzen zur Entfaltung der Seele

192 Seiten
DM 19,80
ISBN 3-924624-43-7

Die »Kalifornische Blütentherapie« ist eine konsequente Fortsetzung, Erweiterung und sinnvolle Ergänzung zur Bach-Blütentherapie.
Den »Kalifornischen Blüten« werden, verursacht durch die intensive Sonnenstrahlung, besondere Wirksamkeiten zugeschrieben.
Die Autorin, Barbara Luetgebrune, hat in jahrelanger Forschungsarbeit spezielle Techniken entwickelt, die es ermöglichen, sich Zugang zu seinen eigenen seelischen Informationen zu verschaffen und gezielt »Kalifornische Blüten« einzusetzen.
Mit ihrem Buch erhält der Leser die Möglichkeit zur Eigen-Diagnose, Therapie und Transformation der seelischen Botschaften.
Dieses Handbuch führt den Leser Schritt für Schritt in die Geheimnisse der kalifornischen Blüten und ihrer Nutzung ein, gibt viele nützliche Informationen und u.a. auch Bezugsquellen für die Blüten an.

Monika Jünemann
VERZAUBERNDE DÜFTE
Ätherische Öle zum Aktivieren und stimulieren des feinstofflichen Energiekörpers

Umfang: 128 Seiten
Preis: DM 14,80
Illustrationen: Zeichnungen
Format: 12 x 18 cm
ISBN 3-924624-55-0

In die Welt der verzaubernden und schönen Düfte entführt dieses Buch. Gerüche beeinflussen unsere Stimmung, können stimulieren und erregen, besänftigen und harmonisieren, inspirieren und betören, ja sogar heilen. Seit Menschengedenken wurden ätherische Öle oder Räucherwerk zum Heilen, Verführen oder für religiöse Rituale eingesetzt. Auch der moderne Mensch kann sich dem Zauber der schönen Düfte nicht entziehen und wird von Wohlriechendem magisch angezogen. Die Wirkungen der ätherischen Öle sind unterschiedlichster Natur. In diesem Werk wird im Besonderen auf ihre feinstofflichen Auswirkungen eingegangen. Aber auch die Pflanzen, aus denen die wundersamen Gerüche gewonnen werden, werden vorgestellt und beschrieben.

»Verzaubernde Düfte« ist eine Einladung ins Reich der Sinne, eine Entdeckungsreise in die Welt der Wohlgerüche durch Essenzen.
Eine Aufforderung, die individuellen persönlichen Duftnoten einzusetzen, Körper und Geist zu aktivieren und die Gedanken zu beflügeln. Ein Schlüssel zum Öffnen der eigenen Sinne für die unbeschreiblichen Möglichkeiten, Düfte als Stimulans, Energiespender, Heiler oder einfach zur Erweiterung der Wahrnehmung einzusetzen.